Bruners
Und die Toten laufen
frei herum

Wilhelm Bruners

UND DIE TOTEN LAUFEN FREI HERUM

Ein Begleiter durch die österliche Zeit
Mit Bildern von Hans Krammer

Patmos Verlag Düsseldorf

Für Jacob Kremer

INHALT

Jesus hat wenig über die Ewigkeit gesprochen; das Leben im Himmel nach dem Tod kommt in seinen Reden und Gleichnissen kaum vor. Einmal wollen sie ihn auf die Probe stellen. Das ist – nach Lukas – kurz vor seinem Tod. Die Sadduzäer, »die die Auferstehung leugnen« (Lk 20,27), wollen seine Meinung dazu hören. Sie konstruieren einen unwahrscheinlichen Fall, spitzfindig. Jesu Antwort ist kurz, ohne irgendwelche konkreten Bilder oder gar Informationen: »... Daß aber die Toten auferstehen, hat schon Mose in der Geschichte vom Dornbusch angedeutet, in der er den Herrn den Gott Abrahams, den Gott Isaaks und den Gott Jakobs nennt. Er ist doch kein Gott von Toten, sondern von Lebenden, denn für ihn sind alle lebendig« (Lk 20,37). Diese Antwort beeindruckt selbst einige Schriftgelehrte: »Meister, du hast gut geantwortet« (Lk 20,39). Daß er im Falle seines gewaltsamen Todes auferstehen wird, diese seine Überzeugung betonen alle Evangelisten (vgl. u. a. Mk 9,31 parr). Es klingt fast wie selbstverständlich. In der Frage der Auferstehung teilt Jesus die Überzeugung der breiten Mehrheit seines Volkes. Immerhin war das Judentum zur Zeit Jesu in dieser Frage, die für die Christen oft wichtiger als die Gottesfrage zu sein scheint, unterschiedlicher Überzeugung. Auffallend ist

auch, daß Jesus die Frage der Auferstehung (das Johannes-Evangelium nimmt dabei eine Sonderstellung ein) nie isoliert zur Bekenntnisfrage macht. Sie beantwortet sich für ihn einzig mit der Gottesfrage. Überhaupt können wir feststellen, daß Jesus wenig Stellung nimmt zu konfessionellen Streitigkeiten seiner Zeit oder theologischen Spitzfindigkeiten. Er antwortet, wenn er gefragt wird, aber er thematisiert Streitfragen nicht von sich aus. Wir könnten für unser ökumenisches Verhalten sehr viel von ihm lernen.

Jesus hatte eine andere Botschaft! Er spricht davon, daß das Königtum Gottes gekommen ist. Er spricht in das konkrete Leben der Menschen hinein und lenkt ihren Blick nicht auf fremde, andere Welten. Er beteiligt sich nicht an apokalyptischen Spekulationen oder Engellehren seiner Zeit. Er beobachtet sehr einfühlsam das Leben der Menschen, zumal der „kleinen Leute", und entdeckt darin Bilder für das Königtum Gottes, dessen Ankunft auf dieser Erde in dieser Weltzeit er mit den Menschen feiern will. Er sagt in den Worten des Johannes-Evangeliums: »Ich bin gekommen, daß sie Leben haben – ja es haben überreich« (Joh 10,10). Das ist kein Hinweis auf ein Leben nach dem Tod. Es ist der Anspruch auf ein Leben vor dem Tod. Nicht, als hätte er es nicht anders gekannt.

7

Die antike Welt war voll von Bildern für die Welt, die nach dem Tod beginnen sollte. Ägypter, Babylonier, Perser, Griechen, Römer..., sie alle hatten sehr konkrete Vorstellungen, wie es weitergehen könnte. Israel ist solchen Bildern gegenüber immer skeptisch geblieben. Auf der Suche nach eigener (religiöser) Identität hat es »Totenbücher« gemieden und abgelehnt. Erst spät – in nachexilischer Zeit – nähert sich Israel dem Gedanken eines Lebens nach dem irdischen Tod. Israel bleibt anspruchsvoll für das Leben hier, das einzige Leben, das wir in Händen haben. Jesus steht in dieser Tradition: Er glaubt an das Leben, weil er an einen lebendigen Gott glaubt. Deshalb spielen der Tod und was danach kommt keine große Rolle in seiner Verkündigung. Als er den eigenen Tod vor Augen sieht, trägt ihn der Glaube an den lebendigen Gott: ER wird ihn auferwecken! Die Todesknechte werden kein Recht bekommen. Aber er macht keine Lehre daraus. Seine Dimension ist – im Glauben an seinen Gott – das Leben. Da hat der Tod keinen Platz. Das wird durch die Erfahrung seines Sterbens und nach seinem Tod anders.

Erst die Begegnungen der JüngerInnen mit dem Auferstandenen, wie sie bei Paulus im 1. Brief an die Korinther (1 Kor 15,5–8) formelhaft und dann in den Evangelien bildhaft bezeugt werden, drängt die Verkündigung in eine neue Richtung. Zwar wird die Reich-Gottes-Botschaft Jesu nicht vergessen und in den Evangelien neu ins Licht gehoben, aber die Gemeinden beschäftigen sich immer mehr mit der Frage nach dem »ewigen Leben«, jenseits des Lebensendes, zumal sie in ihren eigenen Reihen mehr und mehr den Tod erleben. Das wird noch dadurch unterstützt, daß die erwartete Wiederkunft Jesu ausbleibt. So verstehen sich die Ostererzählungen der Evangelien und ihre Symbolik sowohl als ein Plädoyer für die »kleinen Auferstehungen« mitten im Leben wie auch für die Hoffnung über unser trotz allem begrenztes irdisches Leben hinaus. Für die Verkündigung heute freilich gilt: Wer den Menschen nicht für den Aufstand gegen den Tod mitten im Leben motiviert, der wird ihm wohl auch nicht die Hoffnung über den Tod hinaus bringen. Die Osterevangelien stellen sich jeder Vertröstung auf ein Leben nach dem Tod in den Weg. Sie wissen allerdings auch, daß der Überschuß an Hoffnung, den Menschen und ganze Völker in sich tragen, auf dieser Erde nicht gänzlich abgegolten werden kann. Davon war auch der Nazarener überzeugt, der im johanneischen Sprachgewand von sich sagt: »Ich bin die Auferstehung und das Leben. Wer an mich glaubt: Auch wenn er stirbt – wird er leben. Und jeder, der lebt und an mich glaubt, nimmermehr stirbt er – nicht auf Weltzeit hin!« (Joh 11,25)

Die in diesem Buch zusammengestellten Bilder, theologisch-biblischen Betrachtungen und Gedichte wollen diese Lebensbotschaft weitererzählen. Dabei entdecken sie in den Überlieferungen der Osterevangelien *Orte*, die mit der Auferstehungsbotschaft verbunden sind: Garten, Weg, Seeufer... Das ist nicht zufällig. Denn alle diese Orte sind für sich schon Zeichen, die die Ostererzählungen mitprägen. In zwei Evangelien findet die letzte Begegnung Jesu mit seinen Jüngern auf einem Berg statt. Eine lange biblische Tradition verbindet den »Berg des Abschieds« mit anderen Bergen, auf denen Menschen wichtige, lebendige Gotteserfahrungen gemacht haben. So ist eine Topographie der biblischen Ostererzählungen entstanden. Sie kann sowohl für die LeserInnen hilfreich sein, die daheim, irgendwo in der Welt, die Hoffnungsgeschichten gegen den Tod bedenken, wie auch für die, die das Land der Bibel bereisen und das Geschenk erfahren (in der Osterwoche oder österlicher Bußzeit), diese Orte aufsuchen zu können. Die ausgewählten Fotos sollen dabei die Bildwelt der LeserInnen anregen und für alle, die das Land der Bibel bereist und durchwandert haben,

eine (sparsame) Erinnerung sein. Die biblischen Erzählungen – auch die Osterevangelien – sind nicht ort-los überliefert; auch darin zeigt sich ihre Erdverbundenheit und Geschichtlichkeit. Sie gehören in einen bestimmten Zeit-Raum. Da, wo sie uns helfen, sie in unseren inneren Zeit-Raum zu übersetzen, entfalten sie ihre heilende und mutmachende Kraft. Mut zum Leben durch alle Tode hindurch möchte auch das vorliegende Buch machen. Es lebt aus der Überzeugung, daß sich früher oder später, in dieser oder der kommenden Welt die Gräber öffnen und die Toten frei herumlaufen. Denn zum Leben gibt es keine Alternative. Diese Botschaft hat mich auch mein Lehrer Jacob Kremer gelehrt, der bald 70 Jahre wird. Ihm sei in Dankbarkeit das vorliegende Buch gewidmet.

Dank sei auch Sabine Thyssen, die das Manuskript schrieb.

Wilhelm Bruners
Hans Krammer
15. August 1993

Sarajevo

Jeden Morgen tragen sie
die Skelette der Kinder
und der durchbohrten
Frauen hinaus. Jeden

Tag sterben Bäume,
deren Rinde hart wie
Grabsteine und voller
Namen. Und der Mond

fährt übers Gewölk und
redet der Stadt gut zu,
die sich unter ihrem
blutigen Gefieder den
Tod einverleibt.

Jeden Abend spielt mir
der Äther das Unsägliche
zu. Der Sprecher erklärt
seine Unschuld.

Der erste Ort:
Die geöffnete Seite

Meditation zu Joh 19,31–37

»Als sie aber zu Jesus kamen
und sahen, daß er schon tot war...«
(Joh 19,33)

Das ist ihre Sicht. Das ist
die Sicht einer Welt, die in der
Finsternis lebt, eigentlich
nicht lebt, sondern selbst
tot ist. Der sieht überall Tod,
dessen eigenes Lebenslicht
erloschen ist.
Die Finsternis, und natürlich
ist jene Finsternis gemeint,
die in der Todesnacht ausbricht,
hat es nicht erfaßt,
nämlich das Leben, das
das Licht der Menschen ist
(vgl. Joh 1,5.9f).
Die Welt in der Finsternis
schlägt alles tot,
was sich an Leben regt,
weil sie Angst
vor dem Leben hat.
Denn das Lebens-Licht
deckt die Finsternis als
Finsternis auf.

So erleben wir es in Bosnien,
wo Leben totgeschlagen wird,
wo das Auge der Welt
nur noch Tod sieht,
unendlich viel Tod.

So erleben wir es
auch bei Menschen,
die sich selbst für tot
erklärt haben,
die sich und andere
aufgegeben haben.

Diese Welt kann nur
Tod sehen. Und wo sie
Leben wittert, erschlägt sie
das Leben. Sie will
Tod sehen.

So erleben wir es auch
manchmal in uns, wenn
wir aufhören wollen
zu leben.
Auch in uns
erschlagen wir manchmal
den Rest des Lebens,
der noch in uns ist...

Als sie, die Knechte
der Herren dieser Welt,
die Knechte der Finsternis
und des Todes
kamen,
sahen sie, daß
er schon tot war!
Das
und nichts anderes
konnten und wollten
sie sehen...

Und wie zur Bestätigung
ihrer Todessicht
brachen sie ihm
die Schenkel nicht,
sondern einer der Soldaten
»stieß mit der Lanze in seine
Seite...« (Joh 19,33f).

Dies ist jener Augenblick
im Johannesevangelium,
besser: im Leben Jesu,
in dem ER ganz offen
da ist – in der auch
seine Seite offen ist.
Jene Seite nämlich, die Zutritt
zu seiner Mitte,
zu seinem Herzen gibt.
Aber was kann diese
Öffnung jetzt noch
anderes zeigen
als das, was die Welt
sehen will:
den Tod?

Auch dieses Herz,
das soviel Leben
geschenkt hat,
soll sich dieser Welt
jetzt als totes Herz,
als tote Seite erweisen,
damit der Tod recht hat!
Die Herren und Knechte
der Welt wollen also
in die tote Seite stoßen!
Doch: »... sogleich flossen
Blut und Wasser heraus« (Joh 19,34).

Das Unglaubliche, das von
der Welt nicht Berechnete
und doch zutiefst Befürchtete
geschieht:
Da, wo sie Tod erwartet,
strömt Leben.
Jeder medizinische Versuch,
diese Stelle zu deuten,
verfehlt den Sinn

dieser wunderbaren,
zutiefst lebendigen Worte.
Die Welt will dem Leben
den Todesstoß geben,
und sie trifft das Leben
mitten im Fluß!
Das lebendige, quellende Leben.
Die Mitte, das Herz,
die Seite dieses Menschen,
des Menschen überhaupt,
ist lebendig,
höchst lebendig.
Sie fließt,
sie strömt –
nun endgültig
und offen.
Die Welt öffnet selbst
diesen Weg gegen
ihren Willen. Sie öffnet
die innerste Wohnung des
Menschen, den sie »erhöht«
hat, um ihn endgültig
aus ihren Wohnungen
des Todes zu vertreiben ...

Mit der Frage der Jünger:
»Meister, wo wohnst du?«
begann diese Geschichte.
»Kommt und seht!« war
seine Antwort – damals,
als sie ihm folgten (Joh 1,38f).
Sie gingen und sahen und blieben ...
Jetzt, mit geöffneter Seite,
ist das Innerste dieser
Wohnung geöffnet.
Jetzt ist das Geheimnis
des Königs am Kreuz,

des »Ecce homo«,
vor aller Welt deutlich:
Das Geheimnis seiner
Wohnung ist das Leben,
das Leben in Fülle.
Denn Wasser und Blut
sind die Säfte des
Lebens!
Wasser –
jener Lebenssaft,
den wir in uns
hineintrinken, um nicht
zu verdursten.
Blut –
jener Lebenssaft,
der nach Wissen der
Alten der Träger des
Lebens überhaupt ist
und der alle inneren
Lebensströme durchpulst ...

Die dem Leben den
Todesstoß geben wollen,
öffnen es nun
und geben uns Einsicht
in die innere Wohnung,
in die Seite
dessen, der Brot für
die Welt und Weinstock
und Hirte und Licht
und Leben ist.

Damit aber spannt sich noch
einmal der Bogen zurück an
jenen Anfang, da Gott
den Menschen schuf
nach seinem Bild
und Gleichnis.

Er spannt sich zurück
zu jener Seite,
aus der dem Menschen
Bein von seinem Bein,
Fleisch von seinem Fleisch
wurde (vgl. Gen 2,21–23).

Im Todesstoß der Welt,
in Blut und Wasser,
wird jener neue Adam,
jener neue Mensch geboren,
den Gott von Anfang an
gemeint hatte,
da er den Menschen als
sein Bild schuf (vgl. Gen 1,26):
den Menschen aus und
nach seinem Herzen!
Und wieder legt Gott
diesen Menschen
in einen Garten, denn
»an dem Ort,
wo er gekreuzigt worden,
war ein Garten,
und in dem Garten
ein neues Grab,
darein noch niemand
gelegt worden war« (Joh 19,41).

Auch hier sieht die Welt
nur einen Todesgarten
mit einem Grab.
Aber die Augen
der Hoffnung
und des Glaubens,
die Augen des Herzens,
sehen den Paradieses-
Garten, in dem
der neue Mensch

13

seiner Auferstehung
entgegenruht.
Dort, im Garten,
wird der Mann Jesus
der Frau Mirjam begegnen.
Sie werden einander
als Bruder und Schwester
erkennen,
als Kinder
des einen Vaters.

Da, wo die Henker dieser
Welt nur Tod fabrizieren,
wo sie die Welt in eine
Todeswohnung
verwandeln, da stehen
andere für das Leben
ein, das fließende,
strömende Leben aus Blut
und Wasser.
Da, wo die Welt Gräber
baut und Krematorien,
da bauen neue Menschen Gärten
aus Hoffnung und Licht.
Und neue
Weisen der Begegnung
ereignen sich
zwischen Mann und Frau,
zwischen Gott und Mensch!

Während sich in Bosnien
die alte Welt wieder
austobt und die
Fratze des Patriarchats zeigt,
hat sie bei vielen
jene Seite geöffnet,
aus der Solidarität
und Hilfe wachsen.

Noch haben der alte Adam
und die alte Eva
ihre Wohnungen der Finsternis
mitten unter uns.
Aber seit die Bibel
vom neuen Menschen erzählt
– und sie tut es
vom ersten Augenblick an –,
gibt es mitten in den
Wohnungen des Todes
Orte des Lebens!

Fundsache

Weizenkorn oder
Sodomapfel
egal was du findest

das Leben ist
unscheinbar
aber zäh

es dringt durch
alle Tode und
macht sie zu

Geburtstagen

*Als der Sabbat vorüber war, kauften
Maria aus Magdala, Maria, des Jako-
bus Mutter, und Salome Duftkräuter,
um hinzugehen und ihn zu salben.
Und in aller Frühe, am ersten Wochentag, kommen sie zum Grab, als eben
die Sonne aufging. Und sie sagten
zueinander: Wer wird uns den Stein
vom Tor des Grabes wegwälzen? Und
sie blickten auf und schauen: Umgewälzt lag der Stein da; er war nämlich
sehr groß. Und als sie in das Grab
hineingingen, sahen sie zur Rechten
einen Jüngling sitzen, in einen weißen
Talar gewandet – da erschauderten
sie. Er aber sagt zu ihnen: Erschaudert
nicht! Jesus sucht ihr, den Nazarener,
den Gekreuzigten – auferweckt ward
er. Er ist nicht hier. Seht da – der Ort,
wo sie ihn hingelegt haben. Doch
geht, sprecht zu seinen Jüngern und
Petrus: Er geht euch voraus nach Galiläa; dort werdet ihr ihn sehen, wie er
euch gesagt hat. Und hinaus gingen
sie, flohen vom Grab. Noch zitterten
sie und waren außer sich. Und mit
niemand sprachen sie etwas – voll
Furcht, wie sie waren.*

(Markus 16,1–8)

Ostern

Die Steine stehen
Spalier und rühren
sich nicht von der Stelle

Gegen Morgen
fallen Lauffeuer
aus allen Wolken
und durchbrechen
meine gefrorene Erde

dazwischen Stein-Brüche

19

Die Ostergeschichten fangen da an, wo normalerweise unsere menschlichen Geschichten aufhören! Denn die *Gräber* sind der letzte *Ort* unseres Lebensweges. Hier endet er. Im Grab kommt die menschliche Wanderschaft zur Ruhe, ob sie gleichmäßig und Schritt für Schritt verlief oder unruhig, in großen Sprüngen und Brüchen. Die Gräber nehmen jeden auf, der in sie hineingelegt wird. Sie machen keinen Unterschied und fragen nicht, was dieser Mensch zuvor gewesen ist. Ob sie Mörder oder Heilige waren, die Sozialarbeiterin ebenso wie die Präsidentin – sie alle »landen« in irgendeinem Grab, wenn sie dorthin gebracht werden. Am Ende, so scheint es, sind wir Menschen alle gleich: Der Tod hat uns gleichgemacht, auch wenn wir schnell einen letzten Unterschied betonen wollen. Denn da gibt es eben doch noch Reihengräber und teure Privatgräber. Selbst die Friedhöfe sind Stätten menschlicher Eitelkeiten und Privilegien, Orte der Selbstgefälligkeit und der Überheblichkeit – oder eben der Niederlage und des sozialen Abstiegs. Manche landeten in einem Massengrab, die erst später zu Ehren kamen, Wolfgang Amadeus Mozart ist ein Beispiel dafür. Und nicht alle waren auffindbar, um ihnen später eine bessere Staub-Wohnung zu geben. Als ob das den Toten etwas aus-machen würde! Es geht vielmehr darum, wie wir Lebenden die Erinnerung an die Toten bewahren. Die Friedhöfe, auf denen der Krieg menschlicher Prestige-Kämpfe weitergeht, zeigen uns nur die Oberfläche – und die ist wiederum für die Lebenden da, die sich gegenseitig mit den gestalteten Gräbern ihrer Toten eine Botschaft sagen wollen. Die jedoch ist häufig todtraurig und wenig dazu angetan, an das Leben zu glauben – über den Tod hinaus. Alle Ostererzählungen Jesu beginnen beim Grab. Auch das älteste Glaubensbekenntnis, das uns Paulus im Ersten Brief an die Gemeinde von Korinth überliefert, erwähnt die Tatsache des Begräbnisses Jesu:
»Christus ist für unsere Sünden gestorben
gemäß der Schrift
und ist *begraben* worden«
(1 Kor 15,3f).
Damit ist allen Scheintodbehauptungen, wie sie in großer Regelmäßigkeit bis heute auftauchen, widersprochen, wenn Paulus denn überhaupt einer solchen Behauptung entgegentreten mußte. Offenbar gab es im 1. Jahrhundert nur einen einzigen Verdacht, dem sich die (juden-)christliche Gemeinde gegenübersah. Der Juden-Christ Matthäus benennt ihn in seiner Grab-Erzählung und bringt ihn mit einem Gerücht in Verbindung, das die »Ältesten« in die Welt setzen

lassen (natürlich gegen besseres Wissen!): »So sollt ihr sprechen«, lassen sie die bestochenen Soldaten sagen, »seine Jünger sind bei Nacht gekommen und haben ihn gestohlen, während wir schliefen« (Mt 28,11–15). Ausdrücklich fügt Matthäus dann hinzu: »Und herumgesprochen ward diese Rede bei den Juden bis zum heutigen Tag« (Mt 28,15). Hier geht es also nicht um das Gerücht, er sei gar nicht tot gewesen und die Jünger hätten ihn zur Gesundpflege in Sicherheit gebracht. Das Gerede setzt Jesu Tod voraus und behauptet eine »Umbettung« an einen geheimen Ort, bestätigt also seinen Tod! Alle Graberzählungen wollen seinen Tod unterstreichen (eben auch Paulus und ihm bekannte Christushymnen – vgl. auch Phil 2,8: »... und ward gehorsam bis zum Tod / dem Tod am Kreuz«). Am Ende hatte der Tod, dem Jesus so oft im Leben entgegengetreten war, auch über ihn gesiegt. Sein Grab schien Siegeszeichen des Todes, denn zunächst wird auch er dort »zur letzten Ruhe« gebettet, schnell und unvorbereitet, wie Lukas betont: Die Frauen sehen sich noch das Grab an, »und wie sein Leib gelegt war. Heimgekehrt, bereiteten sie Duftkräuter und Salböle. Über den Sabbat freilich ruhten sie, gemäß der Weisung« (Lk 23,55).

Auch der Tote ruht an diesem Sabbat. Davon spricht vor allem das Johannes-Evangelium. Anders als Matthäus, Markus und Lukas läßt der Johannesevangelist Jesus mit den (letzten) Worten sterben: »Es ist ans Ziel gekommen« (F. Stier). Die »Einheitsübersetzung« schreibt: »Es ist vollbracht« (Joh 19,30). Wie auch immer: In jedem Fall weist der Johannesevangelist mit diesem Wort zurück auf die erste Seite der Bibel, auf das große Schöpfungsgedicht. Auch dort ist ER am sechsten Tag »ans Ziel gekommen«: »So wurden Himmel und Erde ›ans Ziel gebracht‹ (vollendet) und ihr ganzes Gefüge. Am siebten Tag brachte Gott das Werk, das er geschaffen hatte, ans Ziel, und er ruhte am siebten Tag, nachdem er sein ganzes Werk ans Ziel gebracht hatte« (Gen 2,1–3). Nachdem – in der Sicht des Johannes-Evangeliums – Jesus die »neue Schöpfung« ans Ziel gebracht hat, stirbt er in den Sabbat hinein. Über dem Grab liegt eine heilige Ruhe, die dann am ersten Wochentag, »früh – noch dunkel war es« (Joh 20,1), beendet wird. So sieht schon die biblische Überlieferung das Grab Jesu in einem unterschiedlichen Licht. Doch am Ende der Passion Jesu unterstreicht das Grab zunächst seinen Tod. Dabei weiß die biblische Überlieferung, daß es »aus einem Felsen herausgehauen war« (Mk 15,46); Matthäus nennt Josef aus Arimathäa als den Besitzer des Grabes

(Mt 27,60), Johannes spricht davon, daß dieses Grab in einem Garten war. Es war »ein neues Grab, das bisher nicht benutzt worden war« (Joh 19,41).

Die Bilder der Ostkirche betonen sehr stark das Felsengrab als Höhle. In dieser Höhle holt sich die »Mutter« Erde in ihren Schoß zurück, was aus ihr geboren wurde. Entsprechend weiß die östliche Ikonographie um die Geburt Jesu in einer Höhle (bei Betlehem): erste und zweite Geburt! Die biblische Tradition des Felsengrabes reicht weit zurück bis zu den Anfängen. Die »älteste« Grabhöhle, von der die Bibel erzählt, ist jene, in der Abraham seine Frau Sara begräbt: die Höhle von Machpela, die ursprünglich dem Hetiter Efron gehört und am Rande seines Grundstücks liegt (vgl. Gen 23,9). Dieses Grundstück wird von Abraham für »vierhundert Silberstücke zum üblichen Handelswert« erworben: »So ging das Grundstück Efrons in Machpela bei Mamre, das Feld mit der Höhle darauf und mit den Bäumen auf dem Grundstück in seiner ganzen Ausdehnung ringsum, in den Besitz Abrahams über...« (Gen 23,17f) Mehrmals betont das Buch Genesis den rechtmäßigen Erwerb. Abraham selbst wird schließlich dort von seinen Söhnen Isaak und Ismael begraben (vgl. Gen 25,9; 50,13) – auf eigenem Grund und Boden. Jesus wird dagegen fern von Nazaret (oder Kafarnaum) begraben: »Die Füchse haben Höhlen, und die Vögel des Himmels Nester; doch der Menschensohn hat nichts, wo er seinen Kopf hinbetten könnte« (Mt 8,20). Ein Fremder überläßt ihm sein neues Grab. Jesus wird nicht, wie andere vor ihm, im Familiengrab beigesetzt, nicht in der Grabstätte seiner Väter, wie Jakob, der seinen Sohn Josef um diesen letzten Dienst bittet, ja ihn sogar darauf verpflichtet (vgl. Gen 47,29–31). Von Ägypten wird er in einer »würdigen Trauerfeier« (Gen 50,11) nach Hebron überführt, eben in jene Höhle des Grundstückes von Machpela, wo außer Sara und Abraham noch Rebekka und Isaak und Lea begraben sind. Freilich, in Jerusalem ist die Grabstätte eines anderen, der dort »zu seinen Vätern« entschlief: David und einige seiner Nachkommen. Als »zweiter David« aber wird Jesus von einem Teil seiner Anhänger gesehen. Im Johannes-Evangelium spielt diese Sicht eine gewisse Rolle.

Doch die Tradition wußte auch darum, daß die Leiche eines Gottesmannes, der gegen den Befehl des Herrn gehandelt hat, »nicht in das Grab seiner Väter kommen soll« (vgl. 1 Kön 13,22).

Der Tod am Kreuz und die Umstände seines Begräbnisses noch am gleichen Tag (vgl. Dtn 21,22f) – auch wenn das Grab offenbar einem Frommen Israels gehörte – mußten große Verwirrung auslösen und die JüngerInnen in eine tiefe Krise stürzen. Dennoch ist das Bemühen in den Evangelien zu spüren, ihm bereits bei seinem Begräbnis wieder näherzukommen und jene Verehrung zu zeigen, die sie ihm, mit anderen Hoffnungen verbunden, zu Lebzeiten erwiesen hatten: Das neue Grab im Garten ist Zeichen dafür! Aber es ist, teures Privatgrab oder nicht, doch Zeichen des Todes.

In diesem Zeichen stehen auch die Totenwächter, die – nach Matthäus – das Grab »bis zum dritten Tag« sichern sollen, damit ihn keiner stehle und zum Volk spreche: »Er ist auferweckt worden von den Toten« (Mt 27,64). So wird das Grab dreifach versichert: durch den Stein, das Siegel und die Wache! Wie fürchteten sie noch den Toten! Da sein Richter Pilatus ihn öffentlich liquidiert hatte, konnte die römische Besatzungsmacht ihn nicht heimlich beiseite räumen – eine Methode, der sich totalitäre Systeme und Besatzungsmächte immer wieder bedienen, um lästige und unliebsame Stimmen zum Schweigen zu bringen. So verschwinden überall in der Welt täglich Hunderte, die unbehaust irgendwo verscharrt werden. Die Angst vor diesen Toten und ihrem Nach-Ruf zeigt noch einmal die Ohnmacht der Handlanger des Todes, welchem System auch immer sie sich sklavisch verpflichtet fühlen. Natürlich rechnet keiner damit, daß »die Toten frei herumlaufen«, dem Zugriff der Lebenden vielmehr soll das Grab entzogen werden, der lebendigen, »gefährlichen Erinnerung« (J. B. Metz). Denn die Gräber der Toten werden oft Ausgangspunkt für Botschaften, die den Hoffnungen und Visionen der Lebenden neuen Auftrieb geben. Dafür sind auch die jüdischen Gräber am Ölberg ein deutliches Zeugnis. Als es den Juden nach ihrem letzten großen Aufstand gegen die Römer (Bar-Kochbar-Aufstand), der 135 n. Chr. blutig niedergeschlagen wurde, verboten war, Jerusalem je wieder zu betreten, als die Stadt sogar einen römischen Namen erhielt – Aelia Capitolina –, da ließen sich viele Juden am Ölberg begraben, denn bis dorthin durften sie kommen. Wenigstens im Angesicht der Stadt wollten sie jenem Tag entgegenschlafen, an dem die Füße des Herrn auf dem Ölberg stünden, um gegen die Völker Krieg zu führen (vgl. Sach 14,3f) und sie im Tal Joschafat zu richten wegen all der Not, die sie Israel bereitet hatten (vgl. Joel 4,12). Diese Tradition ist bis heute ungebrochen und hat in den letzten Jahrzehnten neuen Auftrieb bekommen, wovon viele neue Gräber am Ölberg erzählen – freilich sind auch sie für immer weniger Menschen erschwinglich. Es liegt eine starke Überzeugung auf diesen Gräbern, die dem Tod Unrecht gibt und nicht zuläßt, daß die Geschichte einfach über das Schicksal der Toten hinweggeht. Gerade der Gerichtsgedanke war oft noch der einzige „Trost" der Unterlegenen in einer Situation, die die Siegergeschichten festzuschreiben schien. Über den Gräbern zündeten die Überlebenden das Feuer der Hoffnung an, das nicht nur an die Opfer erinnerte, sondern auch den Tätern, die glaubten, ungeschoren davonzukommen, eine Warnung sein sollte. Wie groß die Angst der Täter bis heute vor dieser Erinnerung ist, zeigt sich auch in ihrem Versuch, die Gräber zu vernichten, den „letzten" Ort der Toten in unserer Welt, so als könnte damit die Erinnerung ausgelöscht werden. Die Geschichte zeigt, wie vergeblich ein solcher Versuch ist. Und wo es tatsächlich – vorübergehend – gelang, die Verortung der Erinnerung am Grab zu verhindern, da wurde – wie die Geschichte zeigt – später, im ersten Augenblick der Freiheit, ein Grab »gefunden«.

Offenbar hat auch römische Besatzung und Herrschaft im 2. Jahrhundert versucht, das Grab Jesu durch einen Aphrodite-Tempel »unkenntlich« zu machen. Es war genauso vergeblich wie der Versuch, seine legendäre Geburtshöhle durch einen heidnischen Kult zu beseitigen.

Geschlossen mit einem Stein, versiegelt, bewacht, sagt Matthäus (27,65f), sollte »die Sache Jesu« für alle Beteiligten damals beendet sein. So sahen es auch die wenigen, die Jesus gefolgt waren: Frauen aus Galiläa und Männer, die mit ihm gingen, um – wie Thomas vorlaut gesagt hatte – mit ihm zu sterben (vgl. Joh 11,16). Aber die Graberzählung Jesu erhält eine Fortsetzung, die keine(r) erwartet hatte. Sie beginnt damit, daß Frauen »wohlriechende Öle« kaufen, »um hinzugehen und ihn (Jesus) zu salben« (Mk 16,1). Es ist der Augenblick, »als eben die Sonne aufging« (Mk 16,2) – in der Frühe des ersten Wochentags; nach Lukas ist es »noch tief im Morgengrauen« (Lk 24,1), nach Johannes »früh – noch dunkel war es« (Joh 20,1), für Matthäus »spät nach dem Sabbat aber, im Aufleuchten des ersten Wochentags« (Mt 28,1). Vom späten Abend nach dem Sabbat bis zum Sonnenaufgang des nächsten Morgens finden wir also alle Nacht-Zeiten in den Graberzählungen. Schon dieses »Spiel« mit der Nacht-Zeit scheint auf unterschiedliche Liturgien der Osternacht und ihre Anfänge hinzudeuten, die wir bereits zur Zeit der Evangelisten vermuten können. Natürlich steckt in diesen Zeiten auch eine tiefe symbolische Bedeutung.

Mit Aufgang der Sonne, die sich gegen die Finsternis der Nacht durchgesetzt hat und die (Wieder-) Geburt des neuen Tages siegreich verkündet, wie es viele antike Mythen feiern, ist das Grab geöffnet, »gesprengt« ließe sich mit Matthäus sagen, denn: »Und da! Ein Beben ward, ein großes« (Mt 28,2). Und in gut apokalyptischer Bildsprache schreibt Matthäus weiter: »Ein Engel des Herrn stieg aus dem Himmel hernieder und trat hin, wälzte den Stein weg und setzte sich darauf.« Der Matthäusevangelist ist trotz allem zu diskret, um diesen Augenblick mit der Auferstehung Jesu in eins zu setzen. Spätere Maler der Szene waren da weniger zurückhaltend. Die Auferstehung Jesu von den Toten bleibt im Geheimnis des »Begrabenen« mit seinem Gott – sie entzieht sich dem neugierigen Wissen-Wollen. (Hier zeigt sich ein tiefgreifender Unterschied zur »Erwekkung« des Lazarus in Joh 11,38–44, die in aller Öffentlichkeit geschieht.) Die Bildsprache der Ostererzählungen deutet an und setzt damit unsere Hoffnungsbilder frei. In einer wunderbaren Gegenbewegung erzählt Matthäus, daß nicht nur die Erde bei diesem Geschehen »bebt« – auch die Wächter »erbebten«.

Während allerdings die Erde bei diesem Beben sich öffnet (vgl. auch Mt 27,51) und Leben frei gibt, die Geburt ermöglicht, wurden die »Wächter wie Tote«. Die Schöpfung öffnet sich dem neuen Leben, die Grab-Wächter verschließen sich ihm. Tatsächlich ist den Totenwächtern der Geschichte immer wieder Hören und Sehen vergangen, wenn sich das Leben gegen die Steine und Gräber durchgesetzt hat. Die Geschichte von der Auferstehung Jesu und der damit verbundenen Erinnerungsgeschichte von Hoffnungen über den Tod hinaus wird auch dann noch erzählt werden, wenn längst alle ZweiflerInnen oder rationalen und fundamentalistischen ErklärerInnen dieser Geschichte verstummt sind. Gegen die Macht der GeburtshelferInnen des Himmels haben sie am Ende keine Chance: Sie fallen tot um! Gegen die List der hebräischen Hebammen, die Gott mehr fürchteten als den Pharao, hatte auch der König von Ägypten, der sich ebenfalls als Handlanger des Todes betätigte, keine Chance. Gegen seinen Befehl setzt sich das Leben durch (vgl. Ex 1,15–22). Am Ende fällt auch der Pharao mit seinem Heer des Todes tot um! Der Stein von Ostern ist weggewälzt und kann nicht mehr zurückgerollt werden. Ein Engel sitzt darauf! Er verhindert ebenso wie die Kerubim mit dem lodernden Flammenschwert östlich des Gartens von Eden (vgl. Gen 3,24) die Rückkehr in den alten Zustand. Der alte Garten **25**

Eden wurde endgültig versiegelt, der neue ist offen. Der Weg zum Baum des Lebens ist frei. Wir aber verhalten uns oft wie jener Gefangene, der jahrelang durch das vergitterte Fenster seiner Zelle starrt und sich nach Freiheit sehnt, dabei aber nicht bemerkt, daß seine Zellentür nicht mehr abgeschlossen ist. Sie war nur angelehnt. Freilich bedarf es zu dieser Öffnung der (himmlischen) »Hebamme«. Wie unsere erste Geburt immer das Werk einer Zusammenarbeit ist (mindestens von Mutter und Kind), so können wir uns auch bei der zweiten Geburt nicht allein in die Welt des Lebens hineingebären. Auch die wunderbarste Ikone Gottes, der Menschensohn Jesus von Nazaret, wie ihn die Christen zu allen Zeiten gesehen haben, hat sich nicht selbst geboren: Er »wurde auferweckt« (1 Kor 15,4; Röm 4,24; 6,4 u. a.), so sagen es die alten Glaubensformeln, und »er stand von den Toten auf« (vgl. 1 Thess 4,14; 2 Tim 2,8 u. a.). Leben ist das Zusammenspiel von Gerufenwerden und dem Ruf folgen, von Gewecktwerden und selbst aufstehen. Der Ruf ist die Voraussetzung. Der nächste Schritt ist dann unser Tun. Davon erzählen in bildreicher Sprache auch die Evangelisten, wenn sie die Auferstehung Jesu bezeugen wollen. Natürlich kommt nur das in den Blick, was »für uns« sichtbar ist – gewiß nicht mit dem (Foto-)Auge, wohl aber mit dem Auge unserer tiefsten Wünsche und Hoffnungen, die diese Bilder entziffern können und sie aufgrund »kleiner« Auferstehungserfahrungen ins Endgültige zu übertragen verstehen. Die Frage, die sich an das offene Grab stellt, ist am Ende nicht einmal so sehr, ob denn Auferweckung und Auferstehung überhaupt möglich seien. Die Zumutung der Evangelien liegt vielmehr in der Verbindung mit dem Kreuz, das heißt in der Frage (die ein Wunsch ist), ob es keinen »einfacheren« Weg zum Leben gäbe. Das vielfach »gekreuzte« Leben bedrängt uns am Ende mehr als der Tod. Gegen die Leiden, an denen wir lernen (sollen), wehren wir uns. Wir versuchen, möglichst »schmerzfrei« davonzukommen, und spüren doch, daß es nicht geht. Er, der Auferstandene jedenfalls, hat an dem gelernt, was er litt (Hebr 5,8). Der Evangelist Markus hat diese Verbindung in seinem Evangelium besonders stark betont. Deshalb fängt bei ihm die Passion Jesu auch nicht erst in Jerusalem an. In der Auseinandersetzung mit seiner Familie, seinen Lehrern, seinen Jüngern – schließlich mit seinem Gott und später auch mit den staatlichen und religiösen Instanzen, also in der Phase seines »normalen« Lebens, beginnt dieser Lernweg, der durch das Grab hindurch in eine neue endgültige Offenheit hinein-

führt. Darum geht es auch in der Nachfolge des Lebens-Lehrers von Kafarnaum. Der Weg Jesu ist das Gegenteil einer »Sehnsucht« nach dem Keuz und schon gar nicht die Suche nach zusätzlichen Kreuzen, hinter der allzuoft nur der Versuch steht, das eigene, nicht geliebte Leben abzuschütteln, um es gegen ein fremdes einzutauschen. Das kann nur in der Katastrophe enden.

Die Ostererzählungen wissen alle, daß das eigentliche Geschehen bereits vollzogen ist, als die Frauen das Grab erreichen: »Umgewälzt lag der Stein da; er war nämlich sehr groß!« (Mk 16,4 parr).

Das ist die für das menschliche Auge zunächst sichtbare Wirklichkeit: ein umgewälzter, weggerollter Stein! Das Grab ist offen! Eine mehrdeutige Situation! Die einen, die Skeptiker, die Totenwächter, die Kollaborateure des Todes werden sagen: »geraubt«, andere werden sagen: »Schwindel« – und einige werden warten mit den eigenen »klugen« Erklärungen und erst einmal sehen..., hören..., betasten... Wer nicht an die Auferwekkung bzw. Auferstehung glauben will, wird nicht durch ein offenes Grab zum Glauben kommen. Insofern setzt die *lebendige* Interpretation des offenen Grabes immer den Glauben an das Leben voraus! Woher nehmen wir diesen Glauben? Auch die JüngerInnen wären nicht zum Glauben gekommen, hätten sie nicht tief in ihrem Herzen und in ihrer Glaubenstradition, der Tradition Israels, auf Auferstehungserfahrungen zurückgreifen können.

Die christliche Liturgie beschreitet in der Osternacht in Anlehnung an die Pesachnacht der Jüdischen Tradition den Weg der Erinnerung an gemachte Auferstehungserfahrungen der Mütter und Väter, wenn sie in sieben (!) biblischen Lesungen vom Sieg des Lebens über Chaos und Tod erzählt. Diese biblischen Bilder spiegeln ausnahmslos erstbundliche Erzähltradition wider; die achte Lesung ist dann dem Römerbrief des Paulus (6,3–11) entnommen. Aber auch Paulus hat keine Kategorien der Deutung, die wir nicht so oder so im Ersten Testament wiederfinden.

Das offene und gar leere Grab ist kein Beweis für Ungläubige. Im Gegenteil: Sie fallen entweder tot um (die Wächter!), oder sie verbreiten ein falsches Gerücht. Es ist Sache der Glaubenden, das »Auferstehungs-Gerücht« in Verbindung mit dem »Gottesgerücht« (P. M. Zulehner) in die Welt zu setzen. Widerhall aber wird dieses »Auferstehungs-Gerücht« nur dann haben, wenn Menschen damit auch tatsächlich eine entsprechende Erfahrung verbinden können. Eine »tote Christenheit« hat keine Chance, gehört zu werden. Wo Kirche im Horizont der Menschen eher als Lebensneiderin erlebt wird denn als Ermutigerin zum Leben, bleibt die Ostererzählung unglaubwürdig. Der entscheidende Schritt vollzieht sich da, wo sich Frauen und Männer beauftragt wissen, im Namen Gottes lebensbehindernde Steine aus dem Weg zu räumen und damit Gräber zu öffnen! Nicht von ungefähr findet deshalb die Auferstehungsbotschaft an vielen sozialen Krisenorten der Welt solches Gehör, weil dort tatsächlich Menschen aus Gräbern herausgerufen werden und Frauen und Männer Steine des Todes wegrollen – oft im wörtlichen Sinn. Das große Drama der Auferweckung und Auferstehung Jesu ereignet sich in unseren kleinen Lebenswelten täglich, wenn Menschen wieder der Geruch von Leben in die Nase steigt, da wo der Tod zum Himmel stinkt. Dazu brauchen wir »Engel«, die buchstäblich vom Himmel heruntersteigen müssen – bereit, sich die Finger an unseren schweren Steinen schmutzig zu machen. Ostergeschichten haben stets einen Überraschungscharakter. Während wir uns noch mit der Frage beschäftigen: »Wer wird uns den Stein, der uns so auf dem Herzen liegt, wegwälzen?«, zeigt sich: »Umgewälzt lag der Stein da.« Das Lähmende, Tödliche hat seine Macht verloren, die Situation hat sich geändert – über Nacht. Auch diese Erfahrung gibt es. Sie liegt ganz nah

an Ostern. In solchen Augenblicken gilt es allein, das Geschenk der Befreiung anzunehmen: Nicht ich habe mich befreit, Hilfe kam von außen. Eigentliche Befreiung aus wirklich tödlichen Situationen ereignet sich wohl immer so. Ostern bedeutet auch, das Geschenk der Rettung anzunehmen.

Das Grab Jesu aber wird erst eigentlich dadurch zu einem besonderen Grab, weil es mit einer Frage, mit *der* Frage verbunden ist: »Was sucht ihr den Lebenden bei den Toten? Er ist nicht hier – auferweckt ward er« (Lk 24,5f). Markus stellt, härter, wie sonst auch, einfach eine Aussage an die Stelle: »Erschaudert nicht! Jesus sucht ihr, den Nazarener, den Gekreuzigten – auferweckt ward er. Er ist nicht hier...« (Mk 16,6); Matthäus folgt ihm dabei. Ob Aussage oder Frage, über dem Grab Jesu steht dieses Wort: Nicht hier! Also was sucht ihr? Stärker noch: Die Frauen, die sich dem Grab nähern, suchen einen Toten. Und am Ende begegnen sie einem Lebenden! Ihn finden sie nicht im Grab. Das ist nicht mehr sein Ort. Das war er – für eine Zeit, eine Heils-Zeit, wie die »drei Tage« andeuten. Aber wer meint, Jesus einbalsamieren zu können, mögen die Kräuter noch so wohlriechend sein, der findet ein leeres Grab. Gegen den Lebenden ist kein Kraut gewachsen. Die Suche nach Jesus führt von den

Gräbern weg – mitten ins Leben zurück.

Ob das die vielen PilgerInnen, die jährlich sein »Grab« in Jerusalem besuchen, auch so erfahren? Was nehmen sie für sich mit, was hören sie, wenn sie geduldig hintereinander oft lange anstehen und warten, bis sie, für eine kurze (Gebets-)Zeit, eintreten? Sie kommen und sehen – nichts. Eine leere Marmorplatte, abgenutzt, abgeschmirgelt von den Berührungen der Menschen. Welche Botschaft hat dieser Stein? Was hören die Menschen hier? Wollen sie das wirklich hören: Was sucht ihr den Lebenden bei den Toten? Ein anderes Wort klingt hier herein. Es ist ca. 800 Jahre vor den Ostererzählungen gesagt. Ein Prophet hat es in Israels Ohren gesagt: »Ja, so spricht der Herr zum Hause Israel: / Sucht mich, dann werdet ihr leben« (Amos 5,4.6).

Gesucht wurde an jenem ersten Tag der Woche ein Toter, gefunden wurde der Lebendige!

Die Erzählungen vom leeren Grab wollen die Richtung zeigen: Sie führt von den Gräbern weg! »Doch geht, sprecht zu seinen Jüngern und Petrus: Er geht euch voraus nach Galiläa; dort werdet ihr ihn sehen, wie er euch gesagt hat!« (Mk 16,7). Nach Hause sollen sie gehen, an den Ort des Anfangs, an den Ort, an dem sie Jesus zum ersten Mal begegnet sind. Dorthin also, wo er sie gerufen hatte: »Auf! Mir nach ...!« (vgl. Mk 1,17). Das war damals für sie wie eine Auferstehung gewesen. Da kam einer, sah sie an und rief sie heraus aus dem Boot, aus dem Haus, von der Zollstation, und er gab ihnen Vollmacht über die »Abergeister« (F. Stier). Das war Vollmacht über alles, was den Menschen krank, klein und niedrig macht, über alles, was zu seinem frühen Tod mitten im Leben führt. Wie aus einem Grab waren sie gerufen – und sie waren aufgestanden und waren dem (Weck-) Ruf gefolgt ... Jetzt sollen sie an diesen Anfang zurückgehen und neu die Botschaft des Lebens, die Kunde von einem Lebenden sagen, den sie als Toten aufsuchen wollten.

Die Stimme, die am Anfang die Stimme Jesu war, ist jetzt, am leeren Grab, die Stimme eines jungen Mannes, mit einem »weißen Talar« bekleidet (vgl. Mk 16,5); Matthäus identifiziert ihn als Engel (Mt 28,5); Lukas spricht von zwei Männern (Lk 24,4), und Johannes wieder von zwei Engeln (Joh 20,11). In diesem Mund ist die uralte Botschaft der Bibel: »Fürchtet Euch nicht!« Damit beginnt jede Lebensbotschaft. Denn alles, was den Menschen klein macht, hat die gegenteilige Nachricht. Die Todesmächte haben ein Interesse daran, daß der Mensch sich fürchtet und Angst hat. Die Götter dieser Welt – auch die religiösen! – »arbeiten« mit der Angst. Sie bauen Höhlen, die den Menschen verschlingen. Am leeren Grab, der Osterhöhle Jesu, ertönt die Kontrastbotschaft: Fürchtet euch nicht! Habt keine Angst!

Die Oster-Boten zeichnen sich durch ihre Botschaft aus. Daran sind sie zu erkennen. Es muß eine Botschaft gegen die Angst und für das Leben sein.

Die Botschaft von Ostern, die am Grab »letztes Wort« hätte werden können, ein Nach-Ruf, ist tatsächlich zu einem Auf-Ruf geworden. Das Grab, sonst Ort des Todes, wird an einem scheinbar zufälligen Morgen der Weltgeschichte Symbol des Lebens. Einige erschrockene Frauen hören die Nachricht: Der Tote lebt! Sucht den Lebenden nicht bei den Toten. Dann werdet auch ihr leben! Den Lebenden bei den Lebenden suchen! Wer sind die wirklich Lebendigen auf unserer Erde? In jener Nacht- oder Morgenstunde des Ersten Tages waren es Frauen, die Gott und Leben an einem offenen Grab miteinander in Verbindung brachten. Gott, der sich an Israel so oft als Gott des Lebens erwiesen hatte, wurde auch am Grab Jesu mit dem Leben in Verbindung gebracht: »Weder in der Totenwelt ward er im Stich gelassen, noch sah sein Fleisch Verderben« (vgl. Ps 16,10). »Diesen

Jesus hat Gott auferstehen lassen – des sind wir alle Zeugen« (Apg 2,31f) – mit diesen Worten im Munde des Petrus deutet die Apostelgeschichte des Lukas das österliche Geschehen. Es ist klar: Den Glauben an das Leben und damit an die Auferweckung und Auferstehung Jesu fanden die AnhängerInnen Jesu aus den Wurzeln ihrer jüdischen Tradition, die immer wieder im Angesicht des Todes das Leben behauptet hatte. Es war der Gott Israels, der dazu im Laufe einer langen Geschichte stets neuen Anlaß gab. Auch am Grab Jesu gab er Grund dazu – überraschend und unerwartet, wie die Ostertexte nahelegen. Und was sich bis dahin tief in das Erinnern Israels eingeprägt hatte, das machte bald auch in der Völkerwelt die Runde. Das Markus-Evangelium deutet, für uns feststellbar, als erstes das offene Grab als Symbol für die geradezu himmlische Botschaft: Der Tote, den ihr sucht, lebt! Er ist nicht hier! Geht nach Hause. Dort werdet ihr ihn sehen. Mitten im Leben!

Marienfrage

ich bin aufgewacht
als du den stein
ins rollen brachtest

ich bin aufgestanden
als du mich riefst

ich bin herausgekommen
als ich das licht sah

jetzt suche ich dich
und kann dich
nicht finden

warum hast du
mich geweckt

33

An dem Ort aber, wo er gekreuzigt worden, war ein Garten, und in dem Garten ein neues Grab, darein noch niemand gelegt worden. Dorthin also legten sie Jesus, wegen des Rüsttags der Juden – weil das Grab in der Nähe war.

Am ersten Wochentag aber, früh – noch dunkel war es – kommt Maria aus Magdala zum Grab und erblickt den Stein vom Grab weggenommen. Sie läuft also und kommt zu Simon Petrus und zu dem anderen Jünger, dem Jesus Freund war, und sagt zu ihnen: Den Herrn haben sie aus dem Grab genommen, und wir wissen nicht, wo sie ihn hingelegt haben.

Maria aber stand weinend außen am Grab. Wie sie dahinweinte, bückte sie sich ins Grab hinein. Und sie schaut zwei Engel, in Weiß dasitzend – einen beim Kopf und einen zu Füßen, wo der Leib Jesu gelegen. Und die sagen zu ihr: Frau, was weinst du? Sagt sie zu ihnen: Meinen Herrn haben sie weggeholt, und ich weiß nicht, wo sie ihn hingelegt haben. Sie sprach das und wandte sich zurück – da schaut sie: Jesus steht da. Sie wußte aber nicht, daß es Jesus war. Sagt Jesus zu ihr: Frau, was weinst du? Wen suchst du? Da sie wähnt, es sei der Gärtner, sagt sie zu ihm: Herr, wenn du ihn weggetragen hast, sprich zu mir, wo du ihn hingelegt hast, damit ich selber ihn weghole. Sagt Jesus zu ihr: Maria! Die wendet sich um und sagt hebräisch zu ihm: Rabbuni! Das heißt: Lehrer! Sagt Jesus zu ihr: Halt mich nicht fest! Denn noch bin ich nicht zum Vater aufgestiegen. Doch geh zu meinen Brüdern und sprich zu ihnen: Ich steige auf zu meinem Vater und eurem Vater, zu meinem Gott und eurem Gott. Maria aus Magdala geht und kündet den Jüngern an: Ich habe den Herrn gesehen! Und das habe er zu ihr gesprochen.

(Johannes 19,41f; 20,1f; 20,11–18)

Trost

1

Nichts ist mir
so vertraut
wie das Gehen
zu den Toten

die halten ihr
Leben zurück
für den Zerfall

in erwachende
Gräser

2

Ihr Gräber
die ihr eure
Kinder bewahrt
vor dem tödlichen
Leben

bis zu dem Tag
da sie sich
aufrichten in
die Verwegenheit
der Auferstehung

Es gibt paradiesische Gärten im Land der Bibel. Sie fallen dann besonders auf, wenn sie am Rand des Ödlandes liegen, kleinen Oasen gleich, die sich wohltuend vom Staub der Wüste abheben. Sie sind das ganze Jahr voller Grün und Blumen, denn sie haben das Licht der Sonne über sich und das lebensspendende Wasser an ihren Wurzeln. In ihnen ahnt der Mensch die Fülle des Lebens und weiß doch gleichzeitig, wie bedroht dieses Leben ist, wenn er einen Blick »über den Zaun« wirft. Es kostet ihn Schweiß und Mühsal, diesen Garten am Leben zu halten und ihn vor Zerstörung zu schützen. Aber der gleiche Mensch, der Gärten anlegt, zerstört sie auch in sinnlosen Kriegen wieder und macht aus dem fruchtbaren Land eine Ödnis. In der Nähe von Betlehem entdeckte ich einen abgeholzten Olivenhain. Ein Palästinenser erzählte mir, nachts seien die Verwandten eines Ermordeten gekommen und hätten aus Rache die Bäume des Mörders gefällt. In anderen Ländern werden Wälder in Brand gesetzt, um billiges Bauland zu erzwingen.

Die ersten Seiten der Bibel wissen davon, daß in einem Garten Glück und Unglück des Menschen begonnen haben (Gen 2,4–3,24). Sie erzählen vom Riß, der die Geschlechter gegeneinander treibt und sie doch voneinander abhängig macht (Gen 3,16f). Sie erzählen, wie der Mensch, ursprünglich Gott »aus dem Gesicht geschnitten«, als Ikone Gottes gedacht, zutiefst verletzt ist. In einen Garten wird der Mensch hineingeboren mit keinem anderen »Auftrag«, als zu leben. In einem Garten beginnt er die Welt in »Gut und Böse« einzuteilen und verliert dabei sein Paradies. Gott hatte ihm alles zu Füßen gelegt, er konnte alles für sich und sein Leben gebrauchen, er sollte in einer wunderbaren Freiheit und Gottunmittelbarkeit leben ohne Arg und ohne Last der Erkenntnis von Gut und Böse. Als der Mensch den Garten seiner unbegrenzten Möglichkeiten als Vertriebener verließ, da hatte er zwar die Erkenntnis von Gut und Böse, aber er hatte sein Paradies verloren. Beides war offenbar nicht vereinbar: in einer großen Ursprünglichkeit das Leben in Freiheit zu leben und gleichzeitig zu »wissen«, was gut und böse ist. Gott hatte dem Menschen nichts anderes »zugemutet« als das Leben – und das war gut. Er wußte, daß die Welt und in ihr der Mensch einen Riß bekäme, wenn der Mensch sie in hell und dunkel trenne, wenn er wüßte, wer zu den »Kindern des Lichtes« und den »Kindern der Finsternis« gehöre. »Das zu wissen, laßt meine Sorge sein«, hatte Gott dem Menschen gesagt (vgl. Gen 2,17). Nicht um den Menschen zu ärgern oder sich noch einen göttlichen Winkel vorzubehalten, hatte Gott sich den Baum der Erkenntnis »reserviert«. Gott hatte es nicht nötig, sich – wie später der Mensch – seine »Machtreservate« und Exklusivrechte zu nehmen, was auch nur eine schwache Identität Gottes angezeigt hätte. Der souveräne Schöpfergott, der dem Menschen das Paradies und das Leben wünschte, sah die Not kommen, die den Menschen erfassen würde, wenn er anfing zu »erkennen«, er sah, wie es die Beziehung der Menschen untereinander vergiften würde – auch die Beziehung zwischen Mann und Frau. Gott sah die Kriege und den Haß heraufziehen, die im Namen der Erkenntnis von Gut und Böse geführt würden – und natürlich würden sie im anderen das Böse bekämpfen, weil sie sich selbst für gut hielten und glaubten, für eine »gerechte Sache« zu kämpfen oder für die Sache des Glaubens. Am Ende würden sie sich auf ihn, Gott, berufen, wenn sie sich gegenseitig exkommunizierten und umbrachten; sie behaupteten zu »wissen«, daß Gott auf ihrer Seite stünde, weil sie ja recht hatten und – Gott gleich – Gut und Böse zu erkennen glaubten. Es kam, wie es Gott vorausgesehen hatte: Der Mensch holte sich am Ende den Tod in jenem Garten, in dem ihm Leben blühen sollte. Eigentlich hätte Gott jetzt sagen kön-

nen: »Ihr seid das Paradies nicht wert – jetzt seht selber zu!« Aber das Gegenteil war der Fall. Seit der Mensch das Paradies fluchtartig verlassen hatte, war Gott Tag und Nacht damit »beschäftigt«, dem Menschen neue Möglichkeiten zu eröffnen, das Verlorene wiederzufinden. Gott wußte, daß es eine Rückkehr in die erste Naivität nicht gab (Gen 3,24). Jetzt, in diesem »Zustand« rücksichtsloser Kämpfe um Gut und Böse, sollte der Mensch nicht ewig leben müssen. Deshalb schickte Gott den Menschen weg, weit weg vom »Baum des Lebens«, damit er das Leben und eine zweite Ursprünglichkeit neu fände, in der der Riß wieder geheilt wäre. Alleingelassen, so wußte Gott, würde sich der Mensch den endgültigen Tod holen. Und Gott fühlte sich verantwortlich für sein Geschöpf Mensch und beschloß, ihn auf diesem langen Weg zum »zweiten Paradies«, zur zweiten Naivität zu begleiten. Damals, als der Mensch das erste Paradies verlor, verließ auch Gott den Garten von Eden, in dem er den Menschen zu treffen pflegte, wenn er im Garten »gegen den Tagwind« einherschritt (vgl. Gen 3,8). Das Zweite Testament erzählt uns im Johannes-Evangelium vom ersten und zweiten Garten, vom Garten des Verrats und der Feigheit, vom Garten, in dem Menschen glauben, im

Namen Gottes und des Guten, den Bösen festnehmen zu müssen (Joh 18,1–11), und es erzählt uns vom Garten, in dem ein neuer Anfang gemacht wird, vom Garten, in dem »der Gärtner« den Menschen neu beim Namen ruft und ihn mit einem Leben beschenkt, das das Problem der Erkenntnis »Gut und Böse« auf kreative Weise überwindet. Mit einem neuen Geist ausgestattet, soll der Mensch das Zerrissene heilen und das Böse durch die Liebe überwinden. Das ist der tiefe Sinn der Ostererzählungen im Johannes-Evangelium. Sie markieren bis in die Passionserzählungen hinein eine neue Schöpfungsgeschichte und sind voller Anspielungen auf die ersten drei Kapitel des Buches Genesis. Kein anderer Evangelist gestaltet die Ostererzählungen so sehr vor diesem Hintergrund und erzählt uns gleichzeitig damit jenes neue Liebesgespräch, in dem der Auferstandene, ein neuer Adam, auf ganz neue Weise der Frau begegnet (vgl. Joh 20,11–18). Die jüdisch-schriftgelehrte Frömmigkeit drückt die Überzeugung aus, daß Gott nur da ist, wo Mann und Frau sind. Sie kann das so sicher sagen, weil schon auf der ersten Seite der Bibel jenes denkwürdige Wort steht: »Laßt uns den Menschen machen als unser Abbild, uns ähnlich ... Gott schuf also den Menschen als sein Abbild; als Abbild Gottes schuf er ihn. Als Mann und Frau schuf er sie« (Gen 1,26f).

Das Wort »Du hast Verlangen nach deinem Mann; er aber wird über dich herrschen...« (Gen 3,16) liegt der Frau in den Ohren, seit sie und der Mann das Paradies verloren haben und zerstritten in der heutigen Welt leben, die »am Anfang der Schöpfung« nicht so war (vgl. Mk 10,6).

Der Evangelist Johannes gestaltet nun in seiner Ostererzählung eine Liebesszene, die auf den von Gott gemeinten Anfang und das Hohelied (»Lied der Lieder«) Bezug nimmt. Die jüdische Liturgie liest dieses Hohelied – gewiß kein Zufall – ebenfalls an Pesach. Schon der äußere Rahmen erinnert an den Schöpfungsbeginn und das Hohelied: Die beiden Liebenden begegnen einander in einem Garten. »An dem Ort, wo er gekreuzigt worden war, war ein Garten, und in dem Garten ein neues Grab, darein noch niemand gelegt worden war« (Joh 19,41). Während die anderen Evangelisten sich ganz auf das (Felsen-)Grab konzentrieren, legt der Johannesevangelist Wert darauf, daß dieses Grab in einem Garten liegt. Für den weiteren Verlauf bei Johannes ist das wichtig. Denn die Begegnung der Maria von Magdala mit dem auferstandenen Jesus findet in diesem Garten statt. Und der Garten ist offensichtlich so gepflegt, daß Maria den Auferstandenen zunächst für den Gärtner hält. Die Anspielung auf die zweite Entstehungsgeschichte von Himmel und Erde ist deutlich (vgl. Gen 2,4a–24). Ehe er den Menschen schafft, »legt Gott, der Herr, in Eden, im Osten, einen Garten an und setzte dorthin den Menschen, den er geformt hatte« (Gen 2,8). Der Genesistext beschreibt einen persischen Garten (das Wort »Paradies« ist persischen Ursprungs), wie er heute noch im Iran in Shiraz, Isfahan und anderen Orten zu sehen ist. Das Motiv des Gartens bleibt bis ins Zweite Testament ein Bild der Sehnsucht für eine heile, fruchtbare und erfüllte Welt. Der Garten ist der Ort der Liebesbegegnung der Menschen. Das ist gewiß nur ein Aspekt, aber ein gewichtiger, den uns das Buch Genesis im zweiten und dritten Kapitel mitteilt. Es erzählt von der Beziehung der Geschlechter, der Begegnung von Frau und Mann, die so hoffnungsvoll beginnt. Am Ende scheitert die Beziehung, weil der Mensch gegen Gottes Weisung, in der mythischen Sprache der Bibel, vom Baum der Erkenntnis »Gut und Böse« ißt. Indem der Mensch selbst die Welt in Gut und Böse zerreißt und nicht Gott das Urteil überläßt, holt er sich den Tod. Und dieser Tod wirkt auch da, wo der Mann sich für besser oder ursprünglicher hält als die Frau und anfängt, über die Frau zu herrschen, oder die Frau sich »verlangend« dem Mann unterwirft. Am ersten Tag der Woche, dem ersten Schöpfungstag, im Garten, beginnt in der Sicht des Johannes-Evangeliums der Liebesdialog zwischen Frau und Mann neu. Im Gespräch zwischen Jesus, dem Auferstandenen, und Maria finden Mann und Frau eine neue Beziehung, in der die alten Abhängigkeiten aufbrechen und die Frau von Magdala ebenfalls zu einer »Freigelassenen der Schöpfung« wird.

Im Garten begegnen sie sich, im Garten am Grab. Maria von Magdala weint. Sie weint um den Geliebten, den sie in ihrer Sicht der Trauer »aus dem Grab genommen« haben (Joh 20,2).

Sie erinnert in ihrem traurigen Hin- und Herlaufen vom leeren Grab zu den Aposteln und zurück an die Verliebte im Hohenlied Salomos, die ihren Hirtenfreund sucht: »Ich suchte ihn und fand ihn nicht. Aufstehen will ich, die Stadt durchstreifen, die Gassen und die Plätze, ihn suchen, den meine Seele liebt. Ich suchte ihn und fand ihn nicht« (Hld 3,1; vgl. auch 5,6).

Das von Liebe unruhige Mädchen wird von den Wächtern bei ihrer Runde durch die Stadt getroffen. Aber sie können sie nicht halten. Die Anspielungen im Johannes-Evangelium auf diese erotischen Texte im Hohenlied sind zahlreich.

Am Grab, dem Symbol der verfallenden Todeswelt, in der die Begegnung zwischen Frau und Mann vergiftet ist, treffen sich Jesus und Maria von Magdala, treffen die neue, befreite Welt und die (noch) trauernde Welt zusammen. Dahinter steht die erregende Frage, ob im alten, selbstbezogenen Chaos schon der neue Liebeskosmos Gottes wieder beginnen und wirksam werden kann.

In einer behutsam zärtlichen Szene bejaht der Evangelist das. Das Paradies, im Buch Genesis bewacht von Kerubim und dem Flammenschwert, »damit sie den Weg zum Baum des Lebens bewachten« (Gen 3,24), ist jetzt offen. Die Engel sitzen in weißen Gewändern in der leeren Grabkammer und sprechen Maria auf ihre Trauer an: »Frau, was weinst du?« (Joh 20,13). Der Zugang zum Leben ist nicht mehr verstellt. Das Leben, das auferstandene Leben, fragt selbst: »Frau, was weinst du? Wen suchst du?« (Joh 20,15). Sie sucht den, den ihre Seele liebt (vgl. Hld 3,3). Die Töchter Jerusalems beschwört die von der Liebe Verzauberte: »Wenn ihr meinen Geliebten findet, sagt ihm, ich bin krank vor Liebe« (Hld 5,8). Maria antwortet Jesus in der Meinung, er sei der Gärtner: »Herr, wenn du ihn weggetragen hast, sprich zu mir, wo du ihn hingelegt hast, damit ich selber ihn weghole« (Joh 20,15). Ihre Liebe will ihn über den Tod hinaus halten, denn »stark wie der Tod ist die Liebe, die Leidenschaft ist hart wie die Unterwelt« (Hld 8,6).

Jesus sagt ihr nur ein einziges Wort, ein »Zauberwort«, und es bedarf nicht mehr als des einen Wortes, um ihre Augen zu öffnen. Wir müßten, um den ganzen Zauber dieses Wortes zu vernehmen, die Stimme Jesu dazu hören. Doch auch so klingt sie geheimnisvoll in jedem Menschen nach – und wir sind alle angesprochen mit unserem Namen. Jesus sagt: »Maria!« Und wir hören die Stimme eines geliebten Menschen, der uns bei unserem Namen ruft – zärtlich und werbend.

Im Hohenlied erfahren wir zum Ende hin den Namen des Mädchens: »Wende dich, wende dich, Schulammit! Wende dich, wende dich . . .« (Hld 7,1).

Als Jesus »Maria« sagt, erzählt der Evangelist: »Die wendet sich um« (Joh 20,16). Schon vorher hat die Erzählung davon gesprochen, daß Maria sich umdreht und Jesus dastehen sieht. Es bedurfte bei ihr aber der zweifachen Umwendung, um den zu erkennen, den sie liebt. Jetzt, da er ihren Namen ausspricht, hat ihre Liebe ihn wiedergefunden, ist sie »wie umgedreht« – die Schulammit des Zweiten Testamentes! Auch im

Paradies gibt der Mensch jedem beliebigen Wesen einen Namen (Gen 2,20), und schließlich nennt Adam seine Frau »Eva« (Leben), »denn sie wurde die Mutter aller Lebendigen« (Gen 3,20). Wieviele Namen hat die Liebe für den geliebten Menschen! Sie ist unerschöpflich. Am zärtlichsten, erotischsten und verbindlichsten zugleich ist sie aber da, wo sie den anderen Menschen mit seinem ureigenen Namen ruft. Da weiß der geliebte Mensch: Jetzt bin ich gemeint, kein anderer. Im Namen wird das Urereignis des anderen Menschen gerufen. Es ist die Stimme Gottes selbst, die den Menschen bei seinem Namen nennt (vgl. Jes 43,1) und ihn damit aus der Anonymität des reinen Geschlechtswesens befreit. In der neuen Schöpfungsordnung Gottes ist der Mensch bei seinem Namen gerufen. Aber die Begegnung am leeren Grab zeigt, daß die alte Welt noch hineinwirkt. Maria, die sich total gedreht hat, antwortet: »Rabbuni!« Das heißt: Lehrer! Wir dürfen annehmen, daß sie den Geliebten auch schon vorher so angeredet hat. Er war ihr »Lehrer« – vor Ostern. Aber im neuen Kosmos? Den Jüngern hat Jesus in der Nacht der Fußwaschung auf dem Weg zum Garten (!) auf der anderen Seite des Baches Kedron gesagt: »Ihr seid meine Freunde, wenn ihr tut, was ich euch weise. Nicht mehr Knechte nenne ich euch, denn der Knecht weiß nicht, was sein Herr tut...« (Joh 15,14f). Im Garten, in dem der Mensch schuldig wurde, wurde er auch abhängig – bis in die Beziehung zwischen Mann und Frau, Mann und Mann, Frau und Frau. Sie verlangte nach dem Mann, er aber herrschte über sie (Gen 3,16). Er wurde ihr »Herr« und »Meister«, sie geriet in seine Abhängigkeit. Im Hohenlied findet die verliebte Frau den, den sie sucht: »Ich packte ihn, ließ ihn nicht mehr los...« (Hld 3,4). Am Ende will sie mit dem Geliebten fliehen: Er gehört ihr allein (Hld 8,14; 6,3). Liegt im »Rabbuni« (Lehrer) der Maria von Magdala dieses Haben-wollen? »Ich packte ihn...« – das Besitzenwollen, das gleichzeitig eine Abhängigkeit und Unterwerfung ist? Die Maler stellen Maria oft im Garten kniend zu Füßen Jesu dar. Jesus aber sagt ihr: »Halt mich nicht fest! Denn noch bin ich nicht zum Vater aufgestiegen...« (Joh 20,17). Im Paradies des Anfangs wurde der Mensch schuldig, weil er besitzen und sich einverleiben wollte, was ihm aus gutem Grund verwehrt war. Am Ende war er abhängig auch in der Beziehung zwischen Frau und Mann. Die Liebe entartete zum »Ich muß dich haben«. Jesus will Maria mit seinem Wort davor bewahren, in die alte Beziehungsabhängigkeit zurückzufallen. Der Mensch darf sich im Garten der Auferstehung geliebt wissen und den »Baum des Lebens« berühren, ohne festhalten zu müssen. Im Garten der Auferstehung liebt der neue Adam die neue Eva in Freiheit. Er ist nicht mehr ihr »Lehrer«, sie nicht mehr seine »Schülerin«, sie braucht ihn nicht mehr festzuhalten, er braucht keine Angst mehr vor ihrer Verführung zu haben: Sie ist Freundin, er ist Freund, »Schwester Braut« (Hld 4,10 u. a.), er ist »Bruder«: »Ach, wärest du doch mein Bruder, genährt an der Brust meiner Mutter. Träfe ich dich dann draußen, ich würde dich küssen, niemand dürfte mich deshalb verachten ...« (Hld 8,1).

Durch den einen mütterlichen Vater Jesu sind alle Geschwister von Anfang an. Das ist die neue Beziehungs-Freiheit der Kinder Gottes. Es ist die umfassendere Beziehung vor jeder anderen, auch der geschlechtlichen, die damit nicht abgewertet ist.

Jesus weist seine »Schwester Braut« Maria auf diese neue Wirklichkeit hin, wenn er ihr sagt: »Doch geh zu meinen Brüdern, und sprich zu ihnen: Ich steige auf zu meinem Vater und eurem Vater, zu meinem Gott und eurem Gott« (Joh 20,17). Die Dimension im Garten der Erlösung ist die geschwisterliche Beziehung, die an die Stelle der alten Hierarchie getreten ist, sei sie nun männliches Herrschen oder weib-

liche Abhängigkeit, weibliches Herrschen oder männliche Abhängigkeit ...

Maria kann Jesus nicht festhalten. Aber sie wird liebevoll beim Namen gerufen und damit endgültig geliebte »Schwester Braut«, die seinen Freunden eine befreiende Nachricht zu sagen hat. Zu dieser Nachricht gehört auch, daß der aus dem Tod errettete Adam und die von der Abhängigkeit erlöste Eva in die Freiheit der Liebe entlassen sind: Denn »auch mächtige Wasser können die Liebe nicht löschen, auch Ströme schwemmen sie nicht weg. Böte einer für die Liebe den ganzen Reichtum seines Hauses, nur verachten würde man ihn« (Hld 8,7).

Der Garten der freien, geschwisterlichen Liebe ist (wieder) geöffnet – endgültig seit Ostern. Aber noch herrschen an vielen Stellen die alten Abhängigkeiten: in Freundschaften, in Ehen ... – auch in der Kirche! Die Botschaft der Maria von Magdala, »der Apostelin der Apostel«, ist noch nicht bei allen angekommen. Aber sie ist seit jenem Ostersonntag nicht mehr verstummt, und das allein läßt schon hoffen.

Garten

Ich grabe dich um
mit nackten Händen

ich grabe
in deiner glühenden
Erde in deiner kalten
ich grabe bis
an die Wurzel

ich grabe dich auf

Du schläfst dich
zu einen Winter lang
da steigt aus
deinen Wunden

Heilkraut
und
Distel

Was immer aus dir
ersteht ich
grabe Tiefe
und Glut

Auferstehung

manchmal
triffst du
einen
auge in auge
der dich
nicht
liegen läßt

wenn er
ruft
steh auf
kannst du
nicht anders
du stehst
auf

auch wenn du
liegen bleiben
willst
müde und
tot

seine stimme
geht dir
unter die
haut
läßt dich
tanzen
hebt dich
in die
luft

auch wenn du
fliehen willst
voll angst
und furcht
seine nähe
gibt dir
vertrauen

lauf

wenn du ihn
triffst
du läufst
ihm
mitten
in die
arme

Und da! Zwei von ihnen waren am selben Tag auf Wanderung nach einem sechzig Stadien von Jerusalem entfernten Dorf namens Emmaus. Auch die unterhielten sich miteinander über all diese Ereignisse. Da geschah es: Während sie sich unterhielten und stritten, war Jesus selbst genaht und wanderte mit ihnen. Aber ihre Augen waren gehalten, daß sie ihn nicht erkannten. Er sprach zu ihnen: Was sind das für Reden, die ihr da im Gehen miteinander wechselt? Da blieben sie stehen, verdrossen dreinblickend. Hob der eine namens Kleopas an und sprach zu ihm: Du bist der einzige, der sich in Jerusalem aufhält und nicht erfahren hat, was in diesen Tagen darin geschehen ist. Und er sprach zu ihnen: Was denn? Sie sprachen zu ihm: Das mit Jesus, dem Nazarener, der ein Prophet war, kraftvoll in Tat und Wort vor Gott und allem Volk. Und wie ihn unsere Hohenpriester und Anführer dem Richtspruch zum Tode ausgeliefert haben und ihn kreuzigten.

Wir aber hatten gehofft, er sei es, der Israel erlösen werde. Zu alledem hin aber läßt er diesen dritten Tag hingehen, seitdem das geschah. Jedoch einige Frauen von den unseren haben uns dazu gebracht, daß wir außer uns gerieten. Sie waren frühmorgens am Grab, und als sie seinen Leib nicht gefunden, kamen sie und sagten: Sogar eine Erscheinung von Engeln hätten sie gesehen – die sagen, er lebe.

Und da gingen einige von denen, die mit uns sind, zum Grab und fanden es so, wie die Frauen gesagt hatten. Ihn selbst aber sahen sie nicht.

Da sprach er zu ihnen: O ihr – zu unverständig und trägherzig, um alles zu glauben, was die Propheten geredet!

Mußte nicht eben das der Messias leiden, um in seine Herrlichkeit zu kommen? Und angefangen von Mose und allen Propheten erklärte er ihnen, was in allen Schriften über ihn steht.

Und so nahten sie sich dem Dorf, wohin sie wanderten. Und da tat er, als wolle er noch weiter wandern. Sie aber drängten ihn und sagten: Bleib mit uns! Es geht ja gegen Abend, und schon geneigt hat sich der Tag. Und er ging hinein, um mit ihnen zusammenzubleiben. Und es geschah: Als er sich mit ihnen zu Tisch gelagert, nahm er das Brot und sprach die Preisung, brach es und gab es ihnen. Da wurden ihre Augen erschlossen, und sie erkannten ihn. Und er – hinweg schwand er ihnen. Und sie sprachen zueinander: Brannte nicht unser Herz in uns, als er auf dem Weg mit uns redete, als er uns die Schriften erschloß? Und auf standen sie – noch zur selben Stunde, und kehrten nach Jerusalem zurück. Und dort fanden sie die Elf und jene, die mit ihnen waren. Die sagten: Wirklich – auferweckt ward der Herr, und er hat sich dem Simon sehen lassen!

Auch sie berichteten, was auf dem Weg geschehen, und wie er ihnen beim Brechen des Brotes kenntlich geworden.

(Lukas 24,13–35)

47

Emmausjünger

der karfreitag
die passion
die trauerklage
der kirche
um ihn

ich sah ihn
in diesen tagen
immer von vorn

noch in der
osternacht
stand er
vor mir

jetzt lese
ich lukas

der fremde
auf dem weg
an ihrer
seite

nur wenn
er stehenblieb
konnten
sie ihn
auch von
vorn sehen

nur dann

er aber
ging weiter
mit ihnen
seite an seite

49

Viele Wege führen nach Emmaus. Aber es gibt nicht nur einen Ort im Land, das so viele heilige Stätten hat, denen die Emmaustradition zugesprochen worden ist. Am Ende müssen die Pilgerin und der Pilger selbst entscheiden, wohin sie ihre Schritte lenken. Welchen Ort sie auch wählen, sie landen immer in einer Klosterkirche – oder jedenfalls in deren Nähe. In Abu Gosh beeindruckt der kunstvolle Gesang der Benediktiner und Benediktinerinnen, in Qubeibe erklärt ein Franziskaner Kirche und byzantinische Häuserreste entlang einer römischen Straße, und in Sichtweite der Ausgrabungen von Latrun erhebt sich ein wegen seiner Weine bekanntes Trappistenkloster. Wer in Qubeibe noch ein paar Schritte weitergeht, wird in einem von Salvatorianerinnen geleiteten Pflegeheim aufs herzlichste empfangen und mit Stärkung versehen. Die persönliche Atmosphäre dieses Ortes lädt geradezu ein, sich in die Emmauserzählung einzufühlen und sie in der kleinen Kapelle oder im Park zu meditieren. Aber das Erreichen von Emmaus ist nicht allein der Höhepunkt. Die Wanderung selbst, die etwa an einem Ostermontag durch eine blühende judäische Gebirgslandschaft führt, ist von großer meditativer Kraft. Der Weg – welcher auch immer – besitzt Höhen und Tiefen, die überwunden werden müssen.

Und so ist er geradezu dafür geeignet, das uralte biblische Symbol »Weg« zu bedenken. Denn seit Beginn ihrer Geschichte spielt der Weg für Israel und das Christentum, die jüngere Tochter, eine zentrale Rolle. Israel und Christentum sind Weg-Religionen. Auch darin zeigt sich die jüdische Wurzel des Christentums, daß es auf dem Weg bleibt. Unterwegs sein, hoffnungsvoll oder in Not, gehört seit alter Zeit in die Theologie beider, wobei der Weg für Juden mehr ein Weg des Verfolgtseins wurde, nicht selbst gewählt, und durch die Feueröfen der Konzentrationslager in einen beispiellosen Untergang führen sollte. Aber die Rechnung der Verfolger ging nicht auf. Aus der Shoa erhob sich das Judentum und lebt nach zweitausend Jahren wieder in einer staatlichen Existenz. Der Weg geht weiter, angefochten und gefährdet.

Aber auch für das Christentum, das seit Konstantin in Europa und später in Amerika eher einen Eroberungsweg ging und die jüdische Passion mitverschuldete, bleibt der Weg konstitutiv. Überall dort, wo es den Weg für beendet erklärt (»Roma locuta, causa finita«), steht es in Gefahr, zur Ideologie zu erstarren. Bleibt zu hoffen, daß der Geist des Evangeliums alle Versuche, aus dem lebendigen Glauben ein System zu machen, immer wieder stört. Der Geist – der ständige Störfall in der Kirche! Doch was hat es mit dem Weg auf sich, und welche Bedeutung gewinnt er als Topos, als Ort der Begegnung mit dem Auferstandenen?

Der Weg ist ein Urbild der Bibel. Er ist die Strecke zwischen dem ersten und dem zweiten Paradies, zwischen dem ersten und dem zweiten Garten. Tief in uns tragen wir die Erinnerung an diesen Paradiesgarten, aus dem wir vertrieben wurden oder geflüchtet sind, je nachdem, aus welcher Perspektive wir es sehen. Vergessen jedenfalls haben wir diesen Ur-Beginn nicht, selbst wenn wir ihn in der Realität niemals erlebt haben. Es gibt Orte, die wir kennen, auch wenn wir sie vergessen haben: Das Paradies gehört dazu. Um es zu finden, brechen wir auf, verlassen alles, nur um wieder etwas von dem Glück zu erfahren, das wir glauben, dort gehabt zu haben, nur um etwas zu finden, von dem wir gar nicht genau wissen, ob es überhaupt erreichbar ist. Dabei suchen manche das verlorene Paradies im Rück-Schritt. Sie wollen eine verlorene Heimat erreichen, die zu gewinnen auf diesem Weg verwehrt ist: Kerubim und das lodernde Flammenschwert, so sagt es die Bibel in einem großen Bild, bewachen »den Weg zum Baum des Lebens« (Gen 3,24). Der Weg des Lebens führt nach vorn. Deshalb »endet« er in der Theologie des Zweiten Testamentes im neuen Jerusalem, das aber deutlich paradiesische Züge trägt (vgl. Offb 21–22). Für die Offenbarung, das letzte Buch der christlichen Bibel, ist der Weg dorthin allerdings mit viel Not gepflastert. Wir ahnen das und wollen sie umgehen – und wissen doch, daß es nicht möglich ist. Das macht die große Spannung aus.

Die Bibel weiß um den Weg, weil sie um das Paradies weiß, den Garten hinter uns und vor uns. Es gibt Religionen, die suchen den Sinn, die Mitte, Gott, in der Meditation, im Verweilen. Der meditierende, sitzende Mensch ist das Ideal ... Nicht, als wüßte die Bibel nicht um den Wert der Stille, des Innehaltens. Doch nicht der zur Ruhe gekommene Mensch steht im Mittelpunkt des biblischen Geschehens, es ist der Mensch unterwegs, der Wanderer, auch der Flüchtling, der Vertriebene. Er hat die Sympathie der Bibel. Und auch das nicht als Ideal, sondern als Beschreibung der menschlichen Existenz. Deshalb sind und bleiben Abraham und Sara die Eltern des Glaubens, die Wegmenschen par excellence, nicht David und Batseba oder Salomo, die in Palästen wohnten und einen Tempel bauten; am ehesten noch der junge David, wenn er vor Saul auf der Flucht ist. Der Hebräerbrief, dieses sehr späte Zeugnis des Zweiten Testamentes, nennt **51** einige von ihnen, die sich auf den Weg machten, mit Namen: Isaak, Jakob, Josef, Mose... – von den Frauen wird außer Sara noch die Dirne Rahab erwähnt, die die Kundschafter von Jericho »mit dem Friedensgruß aufgenommen« hat (vgl. Hebr 11,31). Gewiß: Freiwillig gingen sie meist nicht los, sie wurden gerufen, gedrängt, gestoßen. Keine Rücksicht wurde genommen auf ihr Alter, auf ihre gesundheitliche Verfassung. Auch den späten Jahren, wie bei Sara und Abraham, konnte noch der Weg »blühen«; andere setzen sich um diese Zeit endgültig zur Ruhe. Und dabei waren es nicht nur äußere Wege, die biblischen Menschen abverlangt wurden, oft ging es um den Weg durch eine Krankheit, durch Versuchungen, Proben: Ijob kämpft sich durch das »unwegsame Gelände« seines Aussatzes, seiner Einsamkeit, des Unverständnisses, auf das er bei seiner Frau und bei seinen Freunden stößt; vielleicht hat er sich dabei äußerlich nie von der Stelle bewegt, wie jene Kranken, die Jahrzehnte ans Bett gebunden sind und doch zutiefst um den Weg wissen – und um die Finsternis, die auf dem Weg liegen kann: »Meinen Pfad hat er versperrt; ich kann nicht weiter, Finsternis legt er auf meine Wege« (Ijob 19,8).

Finsternis liegt auch auf dem Weg der zwei Jünger, die am Ostertag (»am gleichen Tag«) »in ein Dorf namens Emmaus, das sechzig Stadien von Jerusalem entfernt ist« (Lk 24,13), gehen. Kein Evangelist hat sein Evangelium so auf den Weg gebracht wie Lukas. Und nicht nur »die Zeit der Kirche« ist Wegzeit, Jesus selbst sieht sich auf den Weg gestellt – sein ganzes Leben ist Unterwegssein. Darin erweist er sich gerade als der Auferstandene, daß er wieder auf dem Weg zu den Menschen ist und dadurch die Menschen bewegt, ihrerseits zu anderen (zurück) zu gehen. Das beginnt schon in den Vorgeschichten, den ersten beiden Kapiteln des Lukas-Evangeliums: Maria unterwegs zu Elisabet, Josef und die schwangere Maria unterwegs nach Betlehem, die Hirten unterwegs zur Krippe, Maria und Josef auf Suche nach dem Zwölfjährigen... (vgl. Lk 1–2), und in all dem, denn das ist der Auslöser aller Bewegung, der Engel Gottes, Gabriel, auf dem Weg zu den Menschen: »Denn Gott hat sein Volk besucht...« (vgl. Lk 1,68).

Die Erfahrung der Weggefährtenschaft steht am Ende der Emmausgeschichte, die so dunkel beginnt. Der Weg nach Emmaus, der Osterweg, hat mehrere Stationen, die es zu bedenken gilt. Im Ende bündelt diese Weg-Geschichte wie in einem Prisma wesentliche Elemente anderer biblischer Wegerfahrungen. Und sie ist auf ihre Weise auch eine Auferstehungsgeschichte der beiden Jünger, die Jerusalem verlassen, das für sie zum Grab geworden ist. Dort haben sie nämlich mit seinem Tod ihre Hoffnungen begraben. Darüber sprechen sie, als er sich als Wegbegleiter zu ihnen gesellt: Ohne daß sie ihn erkennen, denn ihre Augen sind »gehalten« (vgl. Lk 24,16). Diese Blindheit, ihr Weg zurück »nach Hause«, ihre Traurigkeit, all diese Elemente kennzeichnen ihr Grab, ihr Mit-Sterben. Aber während er schon auferstanden ist, steht ihre Auferstehung auf ihrem Weg noch bevor. Sie ist nur möglich in solcher Weggefährtenschaft.

Im Dunkel ihrer Trauer können sie zwar »über all das, was sich ereignet hatte« (Lk 24,14) miteinander reden, aber es wird wohl jenes Reden sein, das nur tiefer in die Trauer hineinführt und in der Verzweiflung endet, weil es keinen Ausweg findet. Viele Trauergespräche laufen in solcher Hoffnungslosigkeit ab: Wieder und wieder wird geredet, aber keine(r) kann die Mauer durchbrechen, von der das eigene Gerede nur wie ein Echo zurückhallt. Es ist tatsächlich eine Grabsituation, die ebenso den »Engel« notwendig macht, der aus dieser Todes- oder Trauerkammer herausruft, wie wir ihn in den Ostererzählungen am Grab finden. In der Geschichte der Emmausjünger mischt sich der »Engel« als ein Frem-

der in das zunächst ausweglose Reden. Was sich jetzt bei Lukas zum Gespräch entwickelt, ist der schrittweise Versuch, die Jünger aus ihrem »Grab« herauszuführen. Wer wäre dazu besser geeignet als der, der selbst aus dem Grab herausgeführt wurde und seine Auferstehungserfahrung gemacht hat?

Am Beginn dieser erneuten Ostergeschichte als Weggeschichte steht eine Einmischung: »Was sind das für Reden, die ihr da im Gehen miteinander wechselt?« (Lk 24,17) – kurz gesagt fragt er sie: »Was bewegt euch?« Die Frage ist ernst gemeint. Oft kommt sie zwischen Menschen ohne wirkliches Interesse daher: Wie geht's? Dann brauchen wir sie nicht zu beantworten, denn sie ist Floskel. Daran können wir erkennen, ob die Frage echt ist, wenn die, die sie stellen, eine Strecke Weg mit uns gehen. Der Fremde auf dem Weg nach Emmaus geht mit – sehr weit. Er läßt sich durch ihre Verdrossenheit nicht beirren. Er fragt noch einmal!

Mit einer Einmischung öffnet der Fremde das »Grab« der Jünger. Die Einmischung besteht in einer Frage! Natürlich könnte er ihnen begegnen mit einem: Ich weiß schon alles! Erspart euch euer Gerede! Wie oft können Menschen ihre Not nicht aussprechen, wirklich herausreden, weil sie auf die Besserwisserei anderer stoßen. Dahinter steckt Ungeduld, die

53

das Suchen abkürzen möchte.

Jesus hat die Bereitschaft, sie anzuhören. So können sie ihre zerbrochenen Hoffnungen zur Sprache bringen, sagen, was er ihnen bedeutet: »Er war ein Prophet, mächtig in Wort und Tat vor Gott und dem ganzen Volk« (Lk 24,19). Sie sind einen Weg mit ihm gegangen, hatten in ihm und seinem Tun die Spur der alten Propheten entdeckt, ihre Worte, ihre Taten. Erlösung hatten sie von ihm für Israel erwartet. Erlösung? Lukas beschreibt sie inhaltlich nicht näher. Dadurch wird die Erwartung ungenau – oder aber offen für viele Erwartungen. Sehr unterschiedlich waren und sind sie ja bis heute: von politisch-sozial bis zutiefst innerlich-religiös. Wer will hier rechten, welche richtig sind! Erlösung – daran knüpfen Menschen immer sehr konkrete Vorstellungen: »Unser Brot für morgen gib uns Tag um Tag...« (Lk 11,3). Die Bitte um das Kommen des Königtums Gottes schließt die Bitten ein, die täglich in die Klagemauern der unerlösten Welt eingegraben werden. Da aber geht es nicht nur um Erlösung von Sünde und Schuld! Im Gebet Jesu rangiert sie erst an zweiter Stelle.

In die Aussprache der Jünger auf dem Weg mit dem Auferstandenen sind alle Hoffnungen, ob verstiegen oder zaghaft, mit hineingenommen. Sie werden nicht bewertet. Auch Irritation über das Gerücht der Frauen, die in der Frühe beim Grab waren, über ihre Rede, er lebe, auch das kommt vor. Aber so, wie sie alles mehr aufzählen denn erzählen, kommen sie mit solchem Frauen-Gerede nicht weiter. Sie gehen in eine Sackgasse.

Erst nachdem sie sich ausgesprochen haben, redet er: »O ihr – zu unverständig und trägherzig...« (Lk 24,25). Je nach Temperament hören oder lesen wir dieses Wort anders: als Vorwurf, als Feststellung... Jedenfalls ist jetzt der Punkt erreicht, wo er Zusammenhänge herstellt: »Und angefangen von Mose und allen Propheten erklärte er ihnen, was in allen Schriften über ihn steht« (Lk 24,27). Er hat keine neue Botschaft für sie, kein neues Evangelium, das sie nicht kennen könnten. Er erzählt ihnen die uralte Botschaft, die sie aus der Tora und in den Prophetenbüchern Sabbat für Sabbat gehört haben, in neuen Zusammenhängen, Verknüpfungen... – Diese Lesart der uralten Botschaft entsteht durch eine Erfahrung, die er gemacht hat! Jenseits der Erfahrung, in der Doktrin mancher Theologen und menschlicher Illusionen, durfte der Messias nicht leiden, darf das auch Jesus nicht geschehen, kann Leben und Tod so und so nicht gehen – jenseits existentieller Erfahrung! Aber genau das ist der Grund, weshalb wir nicht verstehen, begreifen. Und warum es uns so schwerfällt zu glauben. Der Auferstandene, der als Wanderer auf dem Weg begegnet, der Weg-Mensch geht in die umgekehrte Richtung: Er erlebt Leben, Sterben, Gewalt, Tod..., aber auch Liebe, Nähe. Und er sucht das, was er erlebt und erleidet, zu verstehen. Dazu hört er in die alten Überlieferungen der Mütter und Väter des Glaubens. Er sucht Bezugspunkte: Hatte Israel, der geliebte Sohn Gottes, die Tochter Zion, nicht auch immer wieder gelitten? Wie oft war Israel ans Kreuz der Großmächte genagelt worden? Wie oft vertrieben aus dem »Garten« der Berge und Hügel von Galiläa, Samaria, Judäa...? Und hatten die Propheten nicht auch am Kreuz gehangen: Jeremia? Der verjagte Amos? Der ständig bedrohte Elija? Gab es überhaupt »Herrlichkeit« ohne Leiden? Der Messias (welcher?) schien davon nicht ausgenommen! Um diese Zusammenhänge ging es auf dem Weg. Nicht das, was hätte sein sollen (ein leidensfreier Messias, ein herrlicher Prophet), war Ausgangspunkt, sondern die konkrete Erfahrung. Sie setzt Jesus in Beziehung zur Überlieferung und deutet. Das uralte Verstehen der Zusammenhänge, die niemals ausgedeutet sind. Auf dem Weg nach Emmaus entsteht ein »Kommentar«, ein neu erfahrener Kommentar zur jüdischen Bibel. Das ist Weg-Theologie! Alles andere entsteht in den Schreibstuben der Ideologen: Wehe den abweichenden Erfahrungen! Es wäre besser, ihr hättet sie nie gemacht! – rufen die, die mit ihren festgefahrenen Meinungen andere zu Außenseitern erklären. Im Gespräch erreicht diese Wander-Schule »das Dorf, zu dem sie unterwegs waren« (24,28). Äußerlich hat sich die Bewegung weit von Jerusalem entfernt, und doch stellen sie später fest: »Brannte nicht unser Herz in uns, als er auf dem Weg mit uns redete, als er uns die Schriften erschloß?« (Lk 24,32). Oft beginnt der neue Weg lange vorher in unserem Innern, ehe er auch nach außen sichtbar wird! Wieviele Gespräche sind in der Wegbegleitung eines Menschen notwendig, wieviele innere Mauern müssen »übersprungen« werden, ehe er vor seinen Mitmenschen den »neuen Menschen« zeigen kann! Innerer und äußerer Weg sind oft nicht deckungsgleich.

Eigentlich könnten Lehrer und Schüler sich jetzt trennen. Ein wichtiger Abschnitt ist erreicht. Was zu sagen war, ist gesagt... Das Herz brennt! Der »Wort-Gottesdienst« ist beendet. Wenn sie jetzt beieinander bleiben wollen, dann muß ein neuer Schritt getan werden: »Und da tat er, als wolle er noch weiter wandern...« (Lk 24,28). Sie bitten ihn: »Bleib mit uns! Es geht ja gegen Abend, und schon geneigt hat sich der Tag!...« (Lk 24,29). Sagen sie es um ihretwillen? Oder aus Sorge um den Einzelwanderer? Die Bitte läßt das bewußt offen. Sie ist hintergründig und spielt auf den alten Gottesnamen Immanuel (Gott-ist-mit-uns) an.

In der Glaubensüberzeugung Israels ist es unumstößlich, daß es nur auf den Fluchtwegen der Zeit überlebt hat, weil sein Gott mit ihm ging und es immer wieder auf den Weg geführt hat: »Der Herr zog vor ihnen her, bei Tag in einer Wolkensäule, um ihnen den Weg zu zeigen, bei Nacht in einer Feuersäule, um ihnen zu leuchten. So konnten sie Tag und Nacht unterwegs sein« (Ex 13,21). Darin liegt die tiefste Lebenserfahrung Israels begründet, die schließlich auch Nährboden für Auferstehungserfahrungen wurde. Weil Gott ein Gott des Lebens ist, durchbricht er die Todesstarre und öffnet je neu das Tor – auch wenn er selbst dafür den untersten Weg gehen muß. Der Gott des Lebens läßt sich den Vorwurf gefallen, er sei ein »heruntergekommener Gott«. Das christliche Glaubensbekenntnis deutet an, daß Gott um des Menschen willen bereit ist, in seine Höllen mit ihm zu gehen. Jüdische Menschen haben das in der Shoa so erfahren; anderen bleibt diese Sicht versagt. Sie läßt sich nur als Erfahrung weitergeben, nicht als Lehre – und schon gar nicht verordnen.

Im biblischen Verständnis ist Leben ohne Mit-Sein nicht möglich. Jesus drängt sich nicht auf! Sie sollen entscheiden. Eingeladen, geht er mit ihnen: »Da! Ich stehe an dem Tor und klopfe: Wer meine Stimme hört und das Tor öffnet, zu ihm trete ich ein, und mit ihm halte ich Mahl – und er mit mir« (Offb 3,20).

Die Verdichtung des Gesprächs auf dem Weg geschieht im Brotbrechen. Dort findet das eigentliche Erkennen statt, das Erkennen und die Trennung: »Das Äußerliche wird innerlich« (Th. Villiger). Der Rück-Weg beginnt!

An dieser Stelle verhält sich der Erzähler der Emmausgeschichte wie viele Märchen-Erzähler. Der Hinweg mit seinen Stufen und Prüfungen wird dargestellt. Aber wenn der Held, die Heldin das Ziel erreicht haben, sind sie schnell wieder zu Hause, um etwa dem kranken König das Lebenswasser zu bringen. Doch manchmal sind die Rückwege ebenso gefährlich und mühsam wie die Hinwege...

Davon weiß die Emmausgeschichte nichts. Vielleicht will der Erzähler auch andeuten, wie schnell sie nach Jerusalem zurückliefen, wie atemlos sie dort ankamen: »Und auf standen sie – noch zur selben Stunde, und kehrten nach Jerusalem zurück« (Lk 24,33).

Sie sind andere geworden, als sie

Jerusalem erreichen. Und auch die anderen, zu denen sie laufen, haben sich verändert. Sie kehren nicht in das erste Paradies zurück. Deshalb hält sie auch kein Engel davon ab. Ihre Erfahrung »unterwegs« und der »Kommentar«, den sie vernommen und erlebt haben, gehören in die große Ostererzählung derer hinein, die an Ort und Stelle den »auferweckten Herrn« (vgl. Lk 24,34) sahen. Diese berichten zuerst, dann erzählen sie ihre Weggeschichte... Doch sie ist nicht (nie) zu Ende. In die neue Situation tritt er selbst: »Friede mit euch!« (Lk 24,36). Auch Emmaus war nur eine Station, Weg nach Jerusalem... Der Weg geht weiter. Er bleibt nach vorne offen.

einmal werden die
steine leicht auf
unseren gräbern liegen

und leicht werden
wir uns erheben
aus dem staub und
über schwellen gehen
mit flügelschritt

die totenwächter liegen
stumm und träumen
unsere nachtgesichter

ein wind wird uns
forttragen in den kreis
der wartenden und
brot und wein gehen
von mund zu mund

Als es nun Abend war an jenem ersten Wochentag – und die Türen dort, wo die Jünger waren, aus Furcht vor den Juden verriegelt –, kam Jesus, trat in die Runde und sagt zu ihnen: Friede euch! Und als er das gesprochen, zeigte er ihnen die Hände und die Seite. Freuten sich da die Jünger, daß sie den Herrn sahen. Nun sprach Jesus zu ihnen abermals: Friede euch! Wie der Vater mich gesandt hat, so schicke auch ich euch. Und als er das gesprochen, hauchte er sie an, und sagt zu ihnen: Empfanget heiligen Geist! Welchen ihr die Sünden nachlaßt, denen sind sie nachgelassen; welchen ihr sie behaltet, denen sind sie behalten. Thomas aber, einer der Zwölf – der »Zwilling« genannte – war nicht bei ihnen, als Jesus kam. Nun sagten ihm die anderen Jünger: Wir haben den Herrn gesehen. Er aber sprach zu ihnen: Wenn ich nicht in seinen Händen das Abbild der Nägel sehe, meinen Finger in die Stelle der Nägel lege und meine Hand in seine Seite lege, glaube ich nie und nimmer. Und nach acht Tagen – seine Jünger waren abermals drinnen, auch Thomas bei ihnen – kommt Jesus bei verriegelten Türen, trat in die Runde und sprach: Friede euch! Darauf sagt er zu Thomas: Führ deinen Finger hierher und sieh meine Hände. Und führ deine Hände her und leg sie in meine Seite. Und sei nicht ungläubig, sondern glaubend.

Hob Thomas an und sprach zu ihm: Mein Herr und mein Gott! Sagt Jesus zu ihm: Weil du mich gesehen, bist du glaubend geworden. Selig, die nicht gesehen und doch geglaubt haben.

(Johannes 20,19–29)

61

Wer den von der Überlieferung bestimmten »Abendmahlssaal« in Jerusalem betritt, steht in einem beeindruckenden Zeugnis gotischer Architektur aus der Kreuzfahrerzeit. Auf dem Südwest-Hügel außerhalb der heutigen Stadtmauer, dem Sions-Berg, liegt ein Gewirr von ineinander verschachtelten Häusern, erheben sich ein Minarett und zwei Kirchtürme, der armenische ist seit Jahren im Bau und soll höher werden als der beinahe einhundertjährige wilhelminische Dormitio-Turm; eine Schule für zumeist amerikanische Tora-Studenten, ein Holocaust-Museum, christliche Studieneinrichtungen, ein Franziskaner- und ein Benediktiner-Kloster – sie alle liegen nebeneinander, ineinander, ein ökumenischer Ort wahrhaftig, allerdings nicht immer friedlich! Tatsächlich ist es der einzige Ort in Jerusalem, zu dem alle drei monotheistischen Religionen pilgern – wenn auch aus unterschiedlichen Gründen. Denn unter dem Abendmahlssaal, der im Obergeschoß gezeigt wird, steht der leere Sarg, der Kenotaph des Königs David, zu dem seit dem Ende der Kreuzfahrerzeit Juden und Muslime pilgern. Wie die Tradition des Davidsgrabes entstanden ist, weiß so recht keiner. Aber das spielt, wie an den anderen heiligen Orten, auch keine Rolle, interessiert noch ein paar Historiker oder »aufgeklärte«

Theologen, die bei Führungen deutlich ihre Distanz zeigen. Unter den heutigen Bauten, die den Hügel vor dem Sions-Tor überziehen, liegen, so wissen Kundige, Reste älterer Bebauung, die zum Teil bis in die Zeit des Zweiten Tempels zurückgehen. Münzfunde scheinen darauf hinzuweisen, daß um 68 n. Chr. dieses Wohngebiet, damals innerhalb der Stadtmauer, vor den römischen Belagerern verlassen wurde. Erst später kehrten Flüchtlinge zurück und bauten aus den Trümmern wieder eine Synagoge auf, offenbar Juden, die in Jesus den gekommenen Messias verehrten. Darauf könnten Graffiti hinweisen, die Archäologen entdeckten, als sie die Mauern des heutigen Simultan-Gebäudes (Davidsgrab und Abendmahlssaal) untersuchten. Die Entdeckung des nahegelegen Essener-Tores veranlaßte den Benediktiner Bargil Pixner zu der Annahme, hier sei ein von Qumran beeinflußtes Essener-Quartier gewesen, von dem ein Teil der Urgemeinde abhängig war. Aufgrund verschiedener Beobachtungen an biblischen Texten und im Blick auf den jüdischen Kriegsberichterstatter Flavius Josephus, der von dem Essener-Tor spricht, vermutet er sogar, Jesus habe in einem essenischen Gäste-Haus, vielleicht in einem umgewandelten Kloster der Qumran-Gemeinde, das letzte Abendmahl gefeiert – ein Paschamahl nach essenischem Kalender, wenige Tage bevor das sadduzäische und pharisäische Judentum, das einem anderen Festkalender folgte, seine Pascha-Lämmer schlachtete und aß. Die unterschiedlichen Zeiten in der Abendmahlstradition zwischen dem Johannes-Evangelium einerseits und Matthäus, Markus, Lukas andererseits könnten damit versöhnt werden. Natürlich, wie das bei jeder Theorie ist, hat auch diese These viel Widerspruch erfahren. Immerhin würde sie aber einen Grund angeben, weshalb sich dort die Obergemach-Tradition schon seit dem 2. Jahrhundert festgemacht hat: Die JüngerInnen kehrten nach der Kreuzigung Jesu in Erinnerung an das letzte Zusammensein mit ihm immer wieder eben dorthin zurück. Am Anfang hinter verschlossenen Türen aus Angst, als seine BegleiterInnen entlarvt zu werden, bald aber in aller Offenheit und mit allem Freimut, um aller Welt Zeugnis zu geben: Er lebt!

Neben anderen Orten, die wir in diesem Zusammenhang bedenken, spielt der Versammlungsort der JüngerInnen in den Oster- und Pfingsterzählungen eine entscheidende Rolle: Der Auferstandene sprengt die Verschlossenheit der Eingeschüchterten und tritt in die Mitte ihrer Angst. Neben Lukas, der, wie wir gesehen haben, auch eine starke Oster-*Weg*-

Tradition entwickelt, ist es vor allem das Johannes-Evangelium, das wichtige Erfahrungen mit dem Auferstandenen mit einem Obergemach verbindet – Obergemach deshalb, weil es, in mehrstöckigen Häusern, oft der Ort der Versammlung und des Torastudiums war. Ausdrücklich spricht die Abendmahlsüberlieferung von einem Obergeschoß (griech. Anagion) bei Markus (14,15) und Lukas (22,12). Dieser Söller ist, wie üblich, mit Polstern ausgestattet, da das Mahl liegend eingenommen wurde. Wir dürfen annehmen, daß die Ostererzählungen bei Lukas und Johannes keinen anderen Raum meinen als diesen.

Manches deutet auf ein halböffentliches Gebäude hin, das einen Verwalter (griech. Ökodespotes) hat, in dem sich die galiläische Gruppe versammelt hat. Am Abend »dieses ersten Tages der Woche« sind die Türen »aus Furcht vor den Juden verriegelt« (Joh 20,19). Hinter verschlossenen Türen versteckt sich später auch die Gemeinde. Das Bild gibt gewiß die Situation vieler christlicher Kommunitäten am Ende des ersten Jahrhunderts wieder, die sich in der Verfolgung durch die römisch-kaiserliche Staatsgewalt sahen; andere – eher juden-christliche Gemeinschaften – fühlten sich zudem aus den Synagogen, zumindest vom aktiven Tun (Lektorat, Predigt), ausgeschlossen. Die eigene Identität stand in der Krise. Die zum Teil heftigen Angriffe des johanneischen Jesus gegen »die Juden« gehören wohl in diesen Erfahrungshorizont und haben weniger Wurzeln beim historischen Jesus. »Hinter verriegelten Türen«: Das ist die Grabsituation der JüngerInnen. Die verschlossene Tür ist wie der Grabstein, der Zugang und Ausgang versperrt, Bild einer eingeschlossenen Gruppe. Die Ereignisse haben sie in die Isolation getrieben. Sie haben das Gericht, das über Jesus hereingebrochen war, im Getsemani-Garten verschlafen und ihn allein gelassen (vgl. Mk 14,37.40.41 parr), sie waren geflohen, um ihre nackte Haut zu retten (vgl. Mk 14,52). Einige Frauen, auf die die römischen Hinrichtungsknechte wohl kein Augenmerk hatten, schauten von ferne zu, als er gekreuzigt wurde. Ohne daß sie es wollten oder gar selber merkten, waren auch sie einen Passions- und Todesweg gegangen.

Sie waren »mit ihm« am Ende begraben. Doch sowohl über seinem Garten-Grab wie über ihrem Obergeschoß-Grab stand das Wort: »Ich öffne eure Gräber und hole euch, mein Volk, aus euren Gräbern herauf« (Ez 37,12). Die Begegnung Jesu mit den Seinen am ersten Tag der Woche im Saal, wie sie uns Lukas und Johannes je auf ihre Weise erzählen, ist eine Veranschaulichung dieser alten prophetischen Verheißung – jetzt angewandt auf die verschreckte und fassungslose Gruppe, die nicht aus noch ein weiß.

Das Johannes-Evangelium erzählt diese Szene wie eine zweite Schöpfungsgeschichte, wobei Elemente aus dem Propheten Ezechiel und Gen 2 zusammengefügt sind. In all den theologischen Linien spielt sich aber zugleich eine zutiefst menschliche Begegnung ab, die den Raum des einmaligen Geschehens sprengt und weitet ins Beispielhafte. Im Obergemach, dem traditionellen Ort des Torastudiums, erhalten die Jünger eine Lektion, eine Deutung uralter Glaubensüberzeugungen Israels, und erfahren sie selbst als ihre eigene Auferstehung!

Der Auferstandene tritt in die Mitte ihres »Grabes« mit dem Gruß: »Friede euch!« (Joh 20,19). Denkbar und verständlich wäre ja auch, daß er ihnen mit einem Vorwurf begegnet: »Warum habt ihr mich in meiner Passion alleingelassen?« Denkbar wäre, daß er Gericht über sie hielte und sich endgültig von ihnen trennen würde: »Ihr seid mir untreu geworden! Ihr habt euch als Verräter erwiesen!« Das alles wäre verständlich, und sie hätten dem nichts entgegenzusetzen. Die uralte Frage des Paradieses könnte er stellen: Mensch, wo bist du (vgl. Gen 3,9)? Denn wie der alte Adam, so haben auch sie sich versteckt – nicht nur aus Angst, auch aus Scham. Der alte »Klumpen Lehm« hatte wieder einmal gezeigt, daß er das Material nicht wert war, aus dem er gemacht wurde. Und all die Mächte hatten – so schien es – wieder einmal recht bekommen, die der Meinung sind, der Mensch sei eben nichts als ein Feigling, ein Verräter, einer, der nur seine Haut retten will. Wieviel dunkle menschliche Erfahrung zeigte sich in all dem. Und doch trat er, der das Recht gehabt hätte, so vom Menschen zu denken, mit einem unerwarteten Wort in ihre Mitte: »Friede euch!« Der Auferstandene zeigte sich ihnen zuerst in diesem unerwarteten, neuen, unglaublichen Wort! Dort, wo Gericht und Urteil zu erwarten sind, erhebt sich das Wort »Friede«. Der, der wahrhaftig Grund gehabt hätte, sie jetzt in ihrer Angst »schmoren« zu lassen, sprengte den Unfrieden mit dem uralten Gruß der Beziehung: Schalom! Das ist das Schlüsselwort für das Folgende.

Denn wie zur Bestätigung »zeigte er ihnen die Hände und die Seite« (Joh 20,20). Er ist es wirklich! – so lesen und hören viele diesen Satz. An seinen Wunden können sie ihn identifizieren: Der Auferstandene ist kein anderer als der Gekreuzigte. Sie sitzen keinem Irrtum auf. Über diese Ebene der Auslegung ist viel gesprochen und geschrieben worden. Es geht um den »Ostergraben«, um die Frage, ob eine Verbindung vom (nach)österlichen Christus zum vorösterlichen Jesus geschlagen werden kann. Dahinter steht auch der Zweifel, ob er denn wirklich auferstanden sei, ob der Auferstandene nicht nur ihre Phantasie sei, ihre Weigerung anzuerkennen, daß es ihn nicht mehr gäbe. Für viele wird die Geschichte noch schwieriger durch die Begegnung der Jünger mit dem Auferstandenen in der Sicht des Lukas-Evangeliums. Dort, nach der Emmausbegegnung, tritt er in ihre Runde und grüßt sie ebenfalls mit dem Gruß: »Friede euch!« (Lk 24,36). »Eingeschüchtert aber und furchterfüllt wähnten sie, einen Geist zu schauen« (Lk 24,37). Auch hier zeigt er ihnen Hände und Füße: »Betastet und seht: Ein Geist hat ja nicht Fleisch noch Bein, wie ihr an mir es schaut« (Lk 24,39). Und weil sie »ungläubig vor lauter Freude« (!) immer noch staunen, läßt er sich etwas zu essen geben . . . und teilt mit ihnen. Die Nähe zum johanneischen Text ist deutlich. Aber Lukas ist noch »materialistischer«, will keinen Zweifel lassen: Er und kein Geist ist es! Auferstehung ist ganz konkret: mit Haut und Haar, ganz und gar – und nicht nur eine unsterbliche Seele! Hier wird die uralte jüdische Hoffnung veranschaulicht: Der Mensch ist nicht geteilt in Leib und Seele. **65**

Und wenn Auferstehung aus dem Tod geschieht, dann wird der ganze Mensch auferweckt! Die tiefste Wurzel für die Ehrfurcht vor dem Leib liegt hier begründet – die Gegnerschaft zu jedweder Abwertung des Körpers. Dennoch reicht die johanneische Sicht tiefer. Es geht nicht eigentlich um die Frage, ob er es ist oder nicht, die den lukanischen Kontext noch bewegt und so drastisch formulieren läßt. Wenn der Auferstandene im Johannes-Evangelium den Seinen »die Hände und die Seite«, also seine Wunden zeigt, dann entblößt er sich vor ihnen ganz und gar. Es ist der letzte Schritt in eine Offenheit und Transparenz, in die ein Mensch geht: Er offenbart sich mit seinen Verletzungen und seinen Wunden. Wahrhaftig auferstanden sind wir einmal dann, wenn wir einander die Wunden zeigen können, die wir uns zugefügt haben – wenn wir es tun ohne Vorwurf, allein mit dem Gruß: Der Friede mit euch, mit dir! Der Jesus des Johannes-Evangeliums ist einen langen Weg bis zu dieser letzten Offenbarung seiner Selbst gegangen: Er hat ihn u. a. in die Begegnung mit einem jüdischen Lehrer (Nikodemus), Frauen (u. a. Samariterin), Kranken (Lahme, Blinde), mit einem Toten (Lazarus) geführt. In all diesen Begegnungen gelangte er immer mehr zu jenen »Ich-bin-Aussagen«, die den inner-

sten Punkt seiner Person aufleuchten lassen. An jenem Punkt aber fand er den, der im Johannes-Evangelium »der Vater« ist und mit »dem Sohn« in Einheit lebt. Da er wußte, wer er war, wußte er auch, wer für ihn »der Vater« war. Er brauchte seine Identität nicht mehr gegen den »Vater« zu behaupten. Am Ende konnte er sagen: »Ja, ich bin ein König« (Joh 18,37), und zu dieser Wahrheit stehen – vor Gott und den Menschen! Da waren er und der Vater wirklich eins! Jetzt steht er vor denen, die ihn enttäuscht haben, und er verurteilt sie nicht. Er zeigt sich als der, der er ist – und dazu gehören nun auch die Spuren des Lebens und Sterbens, die Spuren der Menschen in ihrer Grausamkeit und Unmenschlichkeit. Die Jünger werden mit dieser Wahrheit »Mensch« konfrontiert in der Eingeschlossenheit ihrer Angst und müssen sie aushalten. Sie können sie ertragen, weil sie ihnen begegnet mit dem Friedenswunsch – und in einem neuen Geist. Die Anspielung auf die zweite Schöpfungsgeschichte ist unüberhörbar . . . : »Da formte Gott, der Herr, den Menschen aus Erde vom Ackerboden und blies in seine Nase den Lebensatem. So wurde der Mensch zu einem lebendigen Wesen« (Gen 2,7). Der alte Adam – Mensch, der sich, wie der erste, versteckt hat, wird aus seinem Versteck herausgerufen und bekommt einen neuen Lebensatem: »Und als er das gesprochen, hauchte er sie an und sagte zu ihnen: Empfanget heiligen Geist!« (Joh 20,22). Der neue Adam – Mensch, selbst ins Leben gerufen, auferweckt, erweckt nun seinerseits die Brüder, die noch ganz im alten Äon leben, im Zeitalter des Todes und der Angst: »Wie der Vater mich gesandt hat, so schicke auch ich euch« (Joh 20,21). Der alte Adam, den Gott aus seinem Versteck, aus seinem »Grab« rief, wurde, belastet mit Schuld, in eine »verfluchte« Welt hinausgeschickt – beladen mit der Mühsal eines Lebens von Schmerzen, Unterdrückung, von Schweiß und Staub (vgl. Gen 3,16–19). Jetzt wird er wieder geschickt: Er soll für das Leben und für die Vergebung der Sünden Zeugnis geben. »Welchen ihr die Sünde nachlaßt, denen sind sie nachgelassen; welchen ihr sie behaltet, denen sind sie behalten« (Joh 20,22). Wenn sie, die einen neuen Lebensatem in sich tragen, die eine neue Schöpfung sind (vgl. 2 Kor 5,17), nicht Schuld vergeben – wer dann? Denn wer diesen neuen Menschen angezogen hat, der ist neu nach dem Bild Gottes geschaffen »in wahrer Gerechtigkeit und Heiligkeit« (vgl. Eph 4,24).

In der Sicht des Johannesevangelisten zeigt sich aber dieses auferstandene, neue Leben vor allem darin, daß Jesus ihnen seine Wunden zeigt, ohne sie erneut mit einem Fluch der Verwerfung zu belasten. Er haucht ihnen, die tot sind, das Leben ein. Thomas ist eigentlich der aus den Zwölf, der zutiefst den Zusammenhang verstanden hat. Deshalb besteht er darauf zu sehen: »Wenn ich nicht an seinen Händen das Abbild der Nägel sehe und meine Hand in seine Seite lege, glaube ich nie und nimmer« (Joh 20,25). Es geht letztlich nicht um die Frage, ob der vorösterliche Jesus der nachösterliche Christus ist, wie manche meinen. Es geht um die Wahrheit der Versöhnung und Vergebung: Kann ich meine Geschichte, meine Verletzungen und Verwundungen »mit versöhntem Herzen« sehen lassen? Wird der alte Mensch, der belastet ist mit Staub und Blut, der überall die Wunden dieser Welt trägt, in eine neue Schöpfung verwandelt? Oder wird alles Alte verworfen und ganz neu begonnen? Die österliche Sicht des Johannes-Evangeliums geht von der Wieder-Belebung des alten Menschen aus, der seit seiner Vertreibung aus dem Paradies unter dem Gesetz der Vergebung und Gnade steht. Die Ikone Gottes, der Mensch als Mann und Frau, wird in ihrem ursprünglichen Licht wiederhergestellt. Dazu gehört aber auch, die verletzte und verwundete alte Welt nicht zu zerstören, sondern sie zu berühren – ohne Angst und Ekel.

Im Blick auf das Lukas-Evangelium zeigt sich, daß im Obergemach seiner Überlieferung eine ganz ähnliche Sicht gezeigt wird: »Es muß alles erfüllt werden, was in des Mose Gesetz und in den Propheten und Psalmen über mich geschrieben ist« (Lk 24,44). Das Verstehen dieser Schriften aber führt zur Verkündigung von Sündenvergebung. Der Auferstandene deckt damit den tiefsten Sinn aller Geschichte Gottes mit den Menschen auf. Die ganze Bundesgeschichte, in der sich Gott und Mensch begegnen, führt am Ende zu jener Vergebung, nach der Menschen immer wieder gesucht haben. Und diese Vergebung wird nicht gewährt, weil der Mensch inzwischen gut geworden ist – er verletzt, verwundet und tötet sich und andere immer noch –, sie wird im Angesicht der geschundenen Kreatur gegeben, an der auch »der Messias« leidet. In der Auferweckung und Auferstehung des unschuldigen Gerechten, der nicht verflucht, wird alles, was gegen den Menschen spricht, ausgelöst. Von jenem Jerusalem, wo sie den Tod erfuhren, seinen Tod und ihr eigenes ängstliches Sich-Begraben, geht auch der Ruf ins Leben und in die Vergebung. Weil »Abel« auferstand, ohne »Kain« zu verurteilen, kann »Kain« die erste falsche Antwort, die im Brudermord endete, noch einmal geben: Ja, du bist Bruder, Schwester…

»Abel steh auf…
steh auf
damit Kain sagt
damit er es sagen kann
Ich bin dein Hüter
Bruder
wie sollte ich nicht dein Hüter
sein…« (H. Domin).

Friedensfürst

als er sich
von seinen freunden
verabschiedete

hängte er ihnen
keine orden
an die brust

stufte er sie
keine gehalts-
gruppe höher

beförderte er sie
nicht auf den
oberen posten

verlieh er ihnen
keinen titel

als er sich
von seinen freunden
verabschiedete

gab
er ihnen
seinen
langen
atem

DAS UFER

Danach erschien Jesus selbst abermals den Jüngern am See von Tiberias. Er erschien ihnen so: Beisammen waren Simon Petrus, Thomas – der »Zwilling« genannte – und Natanaël von Kana in Galiläa, die Söhne des Zebedäus und zwei andere von seinen Jüngern. Sagt Simon Petrus zu ihnen: Ich gehe fischen. Sagen sie zu ihm: Wir kommen auch mit dir. Sie gingen hinaus und stiegen ins Boot. In jener Nacht aber fingen sie nichts. Als es schon Morgen wurde, stand Jesus am Ufer. Die Jünger wußten freilich nicht, daß es Jesus war. Sagt Jesus also zu ihnen: Kinder, habt ihr etwas zu essen? Antworteten sie ihm: Nein! Er aber sprach zu ihnen: Werft das Netz auf der rechten Seite des Bootes aus, und ihr werdet finden. Nun warfen sie aus, und waren nicht stark genug, es zu schleppen wegen der Menge der Fische. Sagt jener Jünger, den Jesus liebte, zu Petrus: Der Herr ist es! Als nun Simon Petrus hörte, es sei der Herr, gürtete er sich den Überwurf – er war ja nackt – und warf sich in den See. Die anderen Jünger aber kamen mit dem Boot, denn sie waren nicht weit vom Land – nur etwa zweihundert Ellen. Und sie schleiften das Netz mit den Fischen. Wie sie nun an Land gestiegen, erblickten sie ein Kohlenfeuer angelegt, und Fisch darauf liegen und Brot. Sagt Jesus zu ihnen: Bringt von den Fischen, die ihr eben gefangen habt. Simon Petrus stieg herauf und schleppte das Netz an Land voll mit großen Fischen – hundertdreiundfünfzig. Und obwohl es so viele waren, riß das Netz nicht. Sagt Jesus zu ihnen: Kommt, nehmt das Mahl. Keiner der Jünger wagte, ihn auszuforschen: Wer bist du? Sie wußten, daß es der Herr ist. Jesus geht und nimmt das Brot, gibt es ihnen, und der Fisch desgleichen. Das war schon das dritte Mal, daß Jesus den Jüngern erschien, nachdem er von den Toten auferweckt war.

Als sie nun Mahl gehalten, sagt Jesus zu Simon Petrus: Simon, Sohn des Johannes, liebst du mich mehr als diese? Sagt er zu ihm: Ja, Herr! Du weißt, daß ich dir Freund bin. Sagt er zu ihm: Hüte meine Lämmer! Abermals sagt er zu ihm, das zweite Mal: Simon, Sohn des Johannes, liebst du mich? Sagt er zu ihm: Ja, Herr! Du weißt, daß ich dir Freund bin. Sagt er zu ihm: Weide meine Schafe! Sagt er zu ihm das dritte Mal: Simon, Sohn des Johannes, bist du mir Freund? Betrübt ward Petrus, daß er zum dritten Mal zu ihm gesprochen hatte: Bist du mir Freund? Da sagt er zu ihm: Herr, alles weißt du. Du erkennst doch, daß ich dir Freund bin. Sagt Jesus zu ihm: Hüte meine Schafe! Wahr, ja wahr ist's, ich sage dir: Als du jünger warst, hast du dich selbst gegürtet und gingst den Weg, wohin du wolltest. Doch wenn du alt geworden bist, wirst du deine Hände ausstrecken, und ein anderer wird dich gürten und führen, wohin du nicht willst. Das aber sprach er, um ein Zeichen zu geben, durch welchen Tod er Gott verherrlichen werde. Und als er das gesprochen, sagt er zu ihm: Folge mir!

(Johannes 21,1–19)

71

Begegnung

Am Morgen oder
am See
manchmal mitten
im Reden
warte ich

auf deine Stimme
die nahe
die ferne

ich warte
und höre

dein Schweigen
hinter dem du
jetzt lebst

sich lichtend
wie eine Rose
Blatt für Blatt

Die Araber nennen das Galiläische Meer »das Auge Gottes«. Meist bleibt das Auge freundlich und ruhig. Nur manchmal blitzt es zornig auf, dann, wenn die Fallwinde hineinstürzen und die Wellen hochtreiben. Sein Wasser ist weich und süß. Es ist das große Trinkwasserreservoir für die ganze Region. Bis in den Negev werden heute seine Wasser geleitet. Wer das Galiläische Meer besitzt, hat einen wichtigen Lebensschlüssel in der Hand.

Der See wird durch verschiedene Zuflüsse gespeist. Die Hauptader ist der Jordan, der durch den See hindurchfließt und schließlich, nach vielen Windungen und Mäandern, seine Restwasser zum Toten Meer bringt. Ein wunderbares Zeichen: der See, der aufnimmt und abgibt! Ein Lebenssymbol. Und voller Leben ist dieser See: einer der fischreichsten Seen der Welt. An seinen Ufern, dort, wo die Natur sich frei entwickeln kann, und dort, wo der Mensch seine Finger im Spiel hat, wächst alles in üppiger Fülle. Das war schon zur Zeit Jesu so. »Man möchte fast glauben, die Natur trage dort einen Wettstreit aus, um mit aller Mühe sämtliche denkbaren Gegensätze an einem einzigen Platz zu konzentrieren«, schreibt der jüdische Schriftsteller Flavius Josephus (Der jüdische Krieg III, 10.8). Weiter südlich empfängt das »Tote Meer« das Wasser – und gibt, außer durch Verdunstung, kein Wasser mehr ab. Fische schwimmen nicht in seinem Wasser, organisches Leben kann in ihm nicht existieren. Und auch seine Ufer sind meist unfruchtbar und kahl. Zwei Seen in einem Land, kaum hundert Kilometer Luftlinie voneinander getrennt und doch so unterschiedlich! Das Galiläische Meer eignete sich gut, den Menschen etwas von der Fülle des Lebens, vom Reichtum der Schöpfung zu erzählen, die nie einseitig ist. Schöpfung im ursprünglichen Sinn erzählt von der Möglichkeit des Zusammenlebens der Gegensätze, auch gegensätzlicher Menschen mit gegensätzlichen Lebensauffassungen.

Der See und sein Ufer waren der ideale Platz, dort eine Ostererzählung zu lokalisieren, eine Erzählung, die von der Fülle spricht. Denn kein Ort in den Ostererzählungen ist zufällig genannt, schon gar nicht im Johannes-Evangelium. Manche Ostererzählungen, wie etwa die Gartenerzählung bei Johannes, empfangen geradezu ihre Theologie vom angegebenen Ort und wären ohne seine Berücksichtigung gar nicht recht verständlich.

In einem Nachtrag – vielleicht von einem Schüler des Evangelisten, aber doch ganz geprägt von seiner Theologie – erzählt allein das Johannes-Evangelium von einer Begegnung des

Auferstandenen »am See von Tiberias«. Bei Matthäus gehen die Jünger auf Geheiß »nach Galiläa zu dem Berg, wo Jesus sie hinbestellt hatte« (Mt 28,16). Lukas bleibt mit seinen Ostererzählungen ganz in Jerusalem, und Markus kennt überhaupt keine Begegnung der JüngerInnen mit dem Auferstandenen. Die Frauen am Grab – und durch sie die Jünger – werden zwar nach Galiläa geschickt, dann aber bricht das Markus-Evangelium scheinbar ab (Mk 16,8). Und selbst im markinischen Nachtrag (Mk 16,9–20) wird ausdrücklich weder von Galiläa noch vom See geredet.

Wir sind also ganz in die Theologie des Johannes-Evangeliums verwiesen, wenn vom »See von Tiberias« oder vom Ufer die Rede ist, an dem der österliche Jesus steht, »als es schon Morgen wurde« (Joh 21,4). An welchem Ufer dieses Erscheinen des Auferstandenen stattfindet, sagt der Text nicht. Ist es »jenseits über den See von Galiläa – dem von Tiberias« (Joh 6,1), wo die reichliche Speisung stattgefunden hatte, wo sie schon einmal Brot miteinander gegessen hatten? Ist es am Ufer von Kafarnaum? Der Text legt nahe, daß die Begegnung in der Heimat des Petrus und der Zebedäus-Söhne stattfindet, da, wo ihre Fischgründe waren; allerdings sind auch Thomas und Natanael von Kana in Galiläa dabei,

außerdem noch zwei andere von seinen Jüngern, unbenannt. Will die Erzählung sagen, daß sie beieinander geblieben waren, warteten, daß er ihnen wieder begegnete? Hatte sich bereits eine Gemeinde in Kafarnaum gesammelt, in der ein Teil der Apostel mitlebte? Wieviel historische Erinnerung spielt hier mit? Petrus ergreift die Initiative: »Ich gehe fischen«, andere kommen auch mit ihm (Joh 21,3). Und sie erleben gemeinsam eine Nacht der Vergeblichkeit: Sie fingen nichts! Gewiß nicht zufällig wird von »der Nacht« gesprochen. Jesus selbst hatte einmal von der Nacht gesprochen, »da niemand wirken kann« (Joh 9,4). War das eine solche Nacht an der Grenze zwischen trockenem Land und Meer, in der sie nichts tun konnten, weil erst ein neues Licht auf sie fallen mußte (vgl. Joh 9,5)? Freilich verkehrt das die Praxis der Fischer, die nachts hinausfahren müssen, um zu fischen, und am Morgen das Ergebnis ihrer Arbeit sichten. Wer nachts nichts fängt, wird gewiß am Tag auch nichts fangen – so sagt ihre Lebenserfahrung. Aber in dieser Ostererzählung verändert sich alles: »Als es schon Morgen wurde, stand Jesus am Ufer« (Joh 21,4). Die Erzählung ist also in jeder Beziehung eine Grenzerzählung: An der Grenze zwischen Nacht und Tag, zwischen See und Land! Jesus als »Grenzgänger« – das war er oft gewesen in seinem Leben. Oft hatte er das Ufer gewechselt, war auf »die andere Seite« gefahren, hatte sich entzogen: den Jüngern, den Menschen (vgl. Joh 6,17). Jetzt, an diesem beginnenden Tag, bringt er Licht in ihre Vergeblichkeit, in ihre Nacht der alten Schöpfung, in der der Mensch »unter Mühsal alle Tage seines Lebens« lebt (vgl. Gen 3,17f). Die Staubexistenz »Mensch« ißt »im Schweiße seines Angesichts« sein Brot, seinen Fisch, er müht sich und wird doch oft um den Erfolg seiner Mühe gebracht – bis er müde und erschöpft zurückkehrt zum Ackerboden, von dem er genommen ist (vgl. Gen 3,19), zum Ufer, von dem er ausgefahren ist: das Gesetz einer verunstalteten Schöpfung, die ursprünglich anders gemeint war. Gerade das Johannes-Evangelium verdichtet solche »schöpferischen Züge«, weist auf eine Welt hin, auf der die Nacht liegt, und erzählt uns an diesem Morgen eine andere Schöpfungsgeschichte. In ihre Vergeblichkeit bricht ein neues Licht. Nicht mehr in der Nacht, im Dunkeln, sollen sie arbeiten, jetzt sollen sie ans Licht kommen und erfahren, daß ihr Tun nicht umsonst ist.

Wie auch in lukanischen Ostererzählungen (vgl. Lk 24,41) tritt er in ihre Gegenwart mit einer Frage der Bedürftigkeit: »Kinder, habt ihr etwas zu essen?« (Joh 24,5). Schon die Anrede ist bemerkenswert: Kinder...«. Er ist ihnen als Rabbi, als Freund, zuletzt als Bruder begegnet, so die Steigerung im Johannes-Evangelium. Jetzt begegnet er ihnen als Vater: Er wird am Seeufer alle Vorbereitungen für ein Mahl treffen und sich als Haus-Vater zeigen. Das Ufer wird zugleich der Ort werden, an dem er seine haus-väterliche Verantwortung an den Jünger abgeben wird, der ihn liebt (vgl. Joh 21,15). Aber zunächst mischt er sich in ihre ergebnislose Situation mit dieser Frage des Hungrigen, die noch einmal ihre leeren Netze bewußt werden läßt: Nein, sie haben nichts zu essen! – Nach dieser Nacht nicht! In diesem Augenblick der leeren Hände, der leeren Netze, des vergeblichen Mühens erfolgt die Umkehr mit dem einfachen Wort: »Werft das Netz auf der rechten Seite des Bootes aus, und ihr werdet finden!« (Joh 21,6). Oft ist es nicht mehr als dies: die andere Seite, die Sicht wechseln, es noch einmal anders versuchen – auf der rechten Seite, jetzt im Licht seiner Gegenwart. Du begegnest plötzlich einem Menschen, der dich auf diese andere Seite verweist, für die du zu blind warst, weil du noch an der Enttäuschung hingst. Dein Blick war noch zurückgewandt in die Nacht, in der nichts lief... Du klebtest förmlich an deiner Enttäuschung, an deiner »linken« Seite. Auch im Bemühen um Menschen gibt es das: die »verbissene« Fixierung auf einen oder mehrere Menschen, die zu etwas gebracht werden sollen. Die Kinder sollen gläubig bleiben, der Freund, die Freundin soll meiner Meinung sein...! Wahrscheinlich gab es diese Fixierung auch in der jungen Jesusbewegung. Ganz bestimmte Leute sollten doch verstehen, daß Jesus für sie das Heil war – aber sie verstanden es nicht..., gingen andere Wege. Der Durchbruch erfolgte, als die Jesusbewegung sich öffnete für die andere Seite, die »rechte« Seite... – wer auch immer das war. Mitten in einer solchen Fixierung brauchen wir ein Wort, das uns erlöst! Das Wort etwa: Werft das Netz auf der rechten Seite des Bootes aus, der königlichen Seite: »Setze dich mir zur Rechten...« (Ps 110,1)! Tu es noch einmal – anders! Es kommt von einem, der selbst an sich die neue Schöpfung erfahren hat und erfährt, es kommt von einem, der auferstanden ist und nun in Freiheit »herumläuft«, um andere in diese Neuschöpfung einzubeziehen!

»Sie warfen aus...« – das neue Leben stärkt die Solidarität, es zerstört sie nicht. Auch das gibt es: Reichtum, der Gemeinschaft zerstört. Es ist jener Kapitalismus, der die Menschen vereinzelt und sie in die Tresore drängt. Sie sind unfähig geworden zu teilen, sie gleichen abgeschlossenen Schließfächern, sie sind stumme Zeugen einer tief-bitteren Armut inmitten ihrer Schätze. Der Reichtum, der den Jüngern geschenkt wird, drängt sie ins Gemeinsame: Sie kommen mit dem Boot, sie schleifen gemeinsam ihren Gewinn. Unmerklich sind sie in eine neue Praxis hinübergegangen, weil sie einem begegnen, der sie zu dieser neuen Praxis anstiftet. Sehr augenfällig macht der Evangelist an Petrus deutlich, wie die neue, befreite Lebensweise sich auswirkt. Vom Jünger, »den Jesus liebte«, wird ihm zugesagt, der da am Ufer stehe, sei der Herr (Joh 21,7). Da wirft Petrus sich in den See. Offenbar will der Text hier an den gescheiterten Gang des Petrus auf dem Wasser erinnern, von dem die Tradition erzählte (vgl. Mt 14,30f). Jetzt versinkt Petrus nicht mehr, jetzt hat er keine Angst mehr. Der neue Mensch, der »auferstandene Petrus«, kann über Wellen gehen. An Land gestiegen, erblicken sie ein Kohlenfeuer, Fisch und Brot. Alles scheint vorbereitet, nichts ist mehr zu tun. Aber die neue Schöpfung ist kein vorbereitetes Schlaraffenland. Sie lebt von der Zusammenarbeit aller. So sagt Jesus zu ihnen: »Bringt von den Fischen, die ihr eben gefangen habt« (Joh 21,10). Zu dem von ihm Vorbereiteten legen sie das Ihre dazu. Miteinander zu teilen ist das

Gesetz der neuen Schöpfung. Und der Mensch, der bisher unter dem Gesetz der Vergeblichkeit stand, erfährt nun, daß seine Hände nicht leer sind. Im Gegenteil: Er »schleppt« das Netz der Fülle an Land. Es ist voll. Viel kann er dazulegen, denn endlich »herrscht« er über die Fische des Meeres, »über die Vögel des Himmels und über die Tiere, die sich auf dem Land regen« (Gen 1,28). Petrus legt die Fische zum Kohlenfeuer. Ob er sich in diesem Augenblick an jenes nächtliche Kohlenfeuer erinnert, das im Hof des Hohenpriesters brannte (vgl. Joh 18,18)? Ob er jetzt begreift, was wirkliche Auferstehung bedeutet? Der damals Alleingelassene trifft ihn wieder am Kohlenfeuer und ißt mit ihm! Und es geschieht ohne Vorwurf! Damals war es Nacht und kalt – und Petrus hatte ein leeres Herz. Damals ging es um Verrat und Verurteilung, damals... Jetzt ist es »schon Morgen«, jetzt ist das Gericht vorüber, jetzt herrscht Solidarität, jetzt ist er daheim – und bei ihm. Und Simon Petrus und die anderen werden hinausgehen und durch die Vergeblichkeit hindurch viele zum Kohlenfeuer bringen und mit ihm Mahl halten und er mit ihnen! »Kommt, nehmt das Mahl!« (Joh 21,12). Es wird ohne Vorbehalt gegeben, ohne Trennung. Kein »Fisch« wird aussortiert, das Netz wird nicht reißen, es hält und trägt –

alle. Auch auf dieser Ebene ist wohl der Text zu verstehen, der gegen alle Trostlosigkeit Mut macht, es je neu und auf der rechten Seite zu versuchen – im eigenen Leben und im Leben der Gemeinde.

Vielleicht will der Text auch bewußt ein Gegenbild zur Klage des Propheten Habakuk bringen, der beobachtet, wie die Gewalttäter die Menschen in ihren Netzen wegschleppen, sie fortraffen in ihrem Fischgarn (vgl. Hab 1,14–17). Das ist Gerichtssprache. Da ist der Mensch Beute, reicher Gewinn und Fraß für ein üppiges Mahl. Dieses dunkle Gerichtsbild wäre im Johannes-Evangelium ins Positive gewendet. Es geht nicht um Mord, Gewalttat und Gefangennahme, es geht darum, daß der Gerechte, Rechtschaffende »wegen seiner Treue am Leben« bleibt (Hab 2,4). Die Fischer vom Galiläischen Meer »fischen« die Menschen nicht wie die Gewalttäter, um sie zu »fressen«, sie zogen sie an Land, gaben ihnen Boden unter den Füßen und Heimat und brachten sie zu ihm, der wie ein guter Hausvater alles für das Mahl der Menschheitsfamilie bereitet hatte.

Beides verknüpft der Text miteinander: dunkle Mühsal und Fülle im Licht. Beide Welten ragen gegenwärtig in uns hinein und stehen noch gegeneinander. Der Auferstandene, die Auferstandenen, die durch alle

Tode hindurchgestorben sind, lassen uns nicht im Stich. Sie begegnen uns am Ufer zwischen dieser und der anderen Seite, zwischen Chaosflut und Kosmos, zwischen Vergeblichkeit und Fülle, zwischen Hunger und Mahl... Sie laden uns ein, das Unsrige dazuzutun und aus ihrer Hand das Leben zu empfangen: »Jesus geht und nimmt das Brot, gibt es ihnen, und den Fisch desgleichen« (Joh 21,13). Er nimmt nicht nur das Seinige, das Unsrige gehört dazu. Damit freilich ist die Begegnung nicht zu Ende. Sie geht auf einen zweiten Höhepunkt zu. Dort, an der Grenze zwischen Meer und Land, zwischen Nacht und Tag, zwischen Leere und Fülle, zwischen alter und neuer Welt wendet sich Jesus dem Petrus noch einmal zu! Schon vorbereitet und geöffnet durch das Mahl am Kohlenfeuer, schon brennend im Licht eines versöhnten Lebens, hört Petrus die Frage: »Simon, Sohn des Johannes, liebst du mich mehr als diese?« (Joh 21,15). Mit vollem Namen redet er ihn an, so wie er Maria im Garten angeredet hat. Das gehört offenbar auch zum Auferstandenen, daß er die Menschen beim Namen kennt und nennt: »Ich bin der gute Hirt. Und ich kenne die Meinen, und die Meinen kennen mich – so wie mich der Vater kennt, und ich den Vater kenne...« (Joh 10,14f). Das Kennen beginnt mit dem Namen. Wieviel Not bei Menschen, die glauben, sich einen Namen machen zu müssen! Wieviel Befreiung, wenn wir Menschen begegnen, bei denen wir einen Namen haben, die uns beim Namen rufen! Welche Gotteserfahrung, wenn wir hören: »Fürchte dich nicht, denn ich habe dich ausgelöst, ich habe dich beim Namen gerufen...« (Jes 43,1). Der Ruf des Namens führt in dieser Anrede in die einzig wichtige Frage: »...liebst du mich mehr als diese?« Es ist die Frage, die uns allen ins Gesicht geschrieben steht. Auf jeder Stirn begegne ich ihr, mag diese Stirn noch so verdunkelt sein, mag das Gesicht noch so düster erscheinen. Es ist die letzte Frage, die der Auferstandene im Johannes-Evangelium gleich dreimal stellt. Die erste Begegnung der Jünger mit Jesus stand unter der Frage: »Rabbi..., wo ist deine Bleibe?« (Joh 1,38). Im Leben mit ihm lernten sie seine Bleibe kennen. Jetzt fragt er nach einer Bleibe bei ihnen: Liebst du mich? Im Verständnis dieses Evangeliums ist die Liebe die eigentliche Bleibe, die wir einander geben können (vgl. Joh 15,9–17). Ohne sie wären wir heimat-los. Das Paradoxe an dieser Stelle scheint nicht die Frage selbst, es liegt am Fragesteller! Hat der Auferstandene diese Liebe nötig? Müßte sie nicht von Petrus auf Jesus hin gestellt werden? Müßte nicht der, der am Kohlenfeuer sagt: »Ich gehöre nicht zu den Jüngern dieses Menschen« (vgl. Joh 18,17), die Frage voll Zittern stellen: Rabbi, liebst du mich noch? Tatsächlich stellt aber Jesus die Frage. Wenn wir dahinter nicht einen moralischen Zeigefinger sehen, dann bleibt nur die Erkenntnis, daß gerade der Auferstandene darum weiß, wie tief und eigentlich wir von der Liebe her leben: »Jetzt also bleiben Glaube, Hoffnung, Liebe – diese drei; ihr Größtes aber ist die Liebe« (1Kor 13,13). Am Ende ist es die Frage, die die neue Schöpfung zusammenhält und die die Brücke zwischen uns bildet. Da gibt es ein Land der Mühsal und des Verrates und ein Land des geteilten Brotes und geteilten Fisches, und die Brücke zwischen ihnen ist diese Frage und die einzig wichtige Antwort, bei der wir alle einen Namen erhalten.

Im Kontext des Evangeliums aber ist es zudem die Frage an den Hirten. Nach Augenzeugen und Zeitgenossen gab es bis in unser Jahrhundert am See von Tiberias noch Halbnomaden, bei denen der alte Scheich die Leitung der Sippe an den ältesten Sohn mit der nämlichen Frage übergab: Liebst du mich mehr als diese? Der alte »Scheich« Jesus vergewissert sich der Liebe des »ältesten Sohnes« – nichts anderes. Er braucht kein Glaubensbekenntnis abzulegen, er braucht sich nicht dem »Vater« zu

unterwerfen, es muß kein Tier geopfert werden, ein Preis bezahlt werden . . ., er soll einzig in der Liebe bleiben, in der Freundschaft! (vgl. Joh 21,16f). Dann ist er der wahre, der gute Hirt. Kein Zweifel, daß es diese Linie in der Kirche schwer hat. Die Angst, der Glaube komme zu kurz, ist oft so stark, daß Liebe und Freundschaft dabei untergehen. Die Reinerhaltung der Lehre und ihr Bemühen darum haben allzuoft in der Kirche ein Winterklima geschaffen. Der Auferstandene entläßt den Hirten allein mit dem Primat der Liebe und ruft ihn in diese Nachfolge – auch durch einen Tod, den er sich nicht sucht: ». . . und ein anderer wird dich gürten und führen, wohin du nicht willst« (Joh 21,18).

Am Ende steht das Wort: »Folge mir« (Joh 21,19.22). Es bedeutet nichts anderes, als ihm in das Haus der Freundschaft und Liebe zu folgen und alle dorthin einzuladen, die noch in der Nacht der Vergeblichkeit stehen.

Die große Menschengemeinschaft wird einmal von nichts anderem bewegt sein als von dieser Freundschaft und Liebe. Und niemand wird uns eine Bedingung stellen. Über uns allen wird allein das Wort stehen, das ein Wort der Barmherzigkeit ist: »Kommt, nehmt das Mahl!« Und ohne zu fragen, werden wir wissen, daß Gott mit uns ist!

Erinnerungen

erinnere
den weinstock
an die trockenbeeren
vom november

erinnere
den rosenstock
an die blüte
von neujahr

erinnere
den baum
an die blätter
von lichtmeß

erinnere
dich
an das gedicht
von marie-luise
kaschnitz

erinnere
ihn
an das stück brot
an den schluck wein
der letzten nacht

Die elf Jünger aber gingen nach Galiläa zu dem Berg, wo Jesus sie hinbestellt hatte. Und als sie ihn sahen, verneigten sie sich tief vor ihm; einige aber zweifelten. Da kam Jesus heran, redete mit ihnen und sagte: Mir ward gegeben alle Vollmacht im Himmel und auf der Erde. Geht nun und macht zu Jüngern alle Völker, sie taufend auf den Namen des Vaters und des Sohnes und des Heiligen Geistes, sie lehrend, alles zu wahren, was ich euch gewiesen. Und da! Ich bin mit euch durch das All der Tage bis zum Voll-Ende der Weltzeit.

(Matthäus 28,16–20)

Er führte sie hinaus – bis nach Betanien. Und er hob seine Hände und sprach die Preisung über sie. Und es geschah: Während er die Preisung über sie sprach, schied er von ihnen und wurde zum Himmel emporgetragen. Und sie neigten sich tief vor ihm und kehrten nach Jerusalem zurück – voll großer Freude. Und sie waren allzeit im Heiligtum, um Gott zu preisen.

(Lukas 24,50–53)

85

Osterchor –
mit einer Gegenstimme

er ist auferstanden
singen sie

er hat sich davongemacht

von den toten
singen sie

er wollte seine haut retten

am dritten tag
singen sie

er hat es nicht mehr ausgehalten

er sitzt zur rechten gottes
singen sie

er hat karriere gemacht

er wird wiederkommen
singen sie

ich bin gespannt

Er kam über den Berg. Wer ortskundig ist, der sieht Jesus von Betfage und Betanien am Berg, der Ölberg heißt, hinaufsteigen, die letzten Meter, ehe er auf Jerusalem blickt, »dicht gebaut und fest gefügt« (Ps 122,2). Von dort geht's bergab, wie Lukas vermerkt: »Als er an die Stelle kam, wo der Weg vom Ölberg hinabführt…« (Lk 19,37). Auf- und Abweg: Das war der Anfang vom Ende – und doch immer der Anfang. Betanien lag im Osten auf der Wüstenseite des Ölbergs, Getsemani auf der Jerusalem zugekehrten Seite. Noch heute führt der Weg von Betanien nach Jerusalem am »Lazarus-Grab« vorbei, das wohl eher eine alte Zisterne war und eine arabische Familie ernährt, die es für einen Hungerlohn bewacht. Der Ausgangspunkt am Fuß des Berges ist eine Auferweckungserzählung, die uns nur im Johannes-Evangelium überliefert ist (vgl. Joh 11,1–44). Johannes trägt in sie eine Lebenstheologie ein: Ihn interessiert nicht, wie es hinter dem Tod aussieht. Es geht ihm um eine Auferstehung mitten im Leben, mitten ins Leben. Dabei sagt der Betroffene, Lazarus, kein einziges Wort. Das charakterisiert ihn. Seine Schwestern haben das Wort. Sie sind es, die Jesus rufen lassen, als der Bruder krank ist (Joh 11,3). Was läßt ihn, Lazarus, mitten im Leben krank und schließlich tot sein? Warum ruft

nicht er selbst Jesus? Was, wer hat ihm die Sprache verschlagen? Die Erzählung weckt viele Fragen, die am Ende offen bleiben. Jedenfalls begegnet Jesus – in dieser johanneischen Symbolgeschichte – hier, auf der Ostseite des Ölbergs, auf seiner der Wüste zugewandten Seite dem Tod und setzt sich mit ihm auseinander. In dieser Auseinandersetzung begegnet Jesus vorweg auch dem eigenen Tod und Auferstehen. Der Erweckung des Lazarus ins Leben geht eine »Katechismusstunde« über Tod und Leben voraus. Und das Erstaunliche ist: Die Adressaten sind nicht etwa tora-unterwiesene Männer, sondern zwei Frauen. Darin liegt eine Parallele zu den Ostererzählungen um Jesus. Auch dort spielen (mehrere) Frauen am Grab eine Rolle. Sie erhalten die »Erstinformation« über die Auferstehung Jesu und nicht die Männer. Beide, Marta und Maria, begegnen Jesus mit dem Vorwurf: »Herr, wärst du hier gewesen – nicht gestorben wäre mein Bruder« (Joh 11,21.32). Allerdings schwächt Marta diesen Vorwurf mit dem folgenden Satz ab: »Doch auch jetzt weiß ich: Was alles du von Gott erbittest: Gott wird es dir geben« (Joh 11,22). Im Folgenden stellt der Evangelist dann im Munde der Marta und in der Antwort Jesu zwei Auferstehungsvorstellungen gegenüber. Marta glaubt an die »Auferstehung am

Letzten Tag«: »Ich weiß, daß er (Lazarus) auferstehen wird – bei der Auferstehung am ›Letzten Tage‹« (Joh 11,24). Das ist traditionell, so glauben es u. a. auch die Pharisäer. Anders Jesus: »Ich bin die Auferstehung und das Leben. Wer an mich glaubt: Auch wenn er stirbt – wird er leben« (Joh 11,25). Das ist nicht das, was Marta glaubt. Sie ist fixiert auf ein Leben bei der Auferstehung am Letzten Tag, zukünftig also, irgendwann. Aber da ist zunächst der Tod des Bruders. Jesus jedoch spricht von der Auferstehung hier und jetzt. Wer an ihn glaubt, lebt, auch wenn er stirbt! Mehr noch: »Und jeder, der lebt und an mich glaubt, nimmermehr stirbt er – nicht auf Weltzeit hin! Glaubst du das?« (Joh 11,26). Die Betonung liegt auf dem »das« (im griechischen Urtext: touto, demonstrativ). Nein, das hat sie, bisher jedenfalls, nicht geglaubt. Für sie bestand nach dem Tod des Bruders, was auch immer damit gemeint ist, eine (nur) zukünftige Hoffnung. Jesus aber spricht an dieser Stelle vom Leben hier und jetzt; zuvor hat er vom »Schlaf« des Lazarus gesprochen (Joh 11,11–14). Das ist anspruchsvoller als Martas Perspektive – anspruchsvoller, weil Jesus den Tod mitten im Leben nicht akzeptiert, weil diese Sicht sich nicht mit Zukünftigem zufrieden gibt, sondern das Leben jetzt einklagt und Lazarus

heute zurückfordert, nicht erst am »Letzten Tag«. In diese Geschichte klingt eigentlich die gleiche Frage herüber, die den Frauen am Grab Jesu gestellt wird: »Was sucht ihr den Lebenden bei den Toten?« (Lk 24,5). Aus den verschiedenen Überlieferungsschichten, die wir im Johannes-Evangelium erkennen können, läßt sich ahnen, wie stark diese Frage die Gemüter am Ende des 1. Jahrhunderts bewegt hat – angesichts vielfältigen Todes mitten im Leben. Da gehörte schon viel Glaubensmut dazu, das Sterben, in welcher Weise es auch geschah, so stark zu relativieren. Ja, sogar zu sagen, wer an Jesus glaube, stürbe überhaupt nicht. Aber ist nicht andererseits aus solchen Gedanken viel Widerstandskraft erwachsen? Bis heute? Und reklamieren nicht ganze Völker eine Auferstehung hier und jetzt? Zu Ende ist die Zeit, wo sie sich vertrösten ließen . . . Natürlich löst das Widerstand – auch bei herrschenden Kirchenlehrern – aus; es muß Widerstand auslösen, weil die Konsequenzen so tiefgreifend sind. »das könnte manchen herren so passen« (K. Marti), wenn die Welt so zweigeteilt bliebe: Hier eine Lebe-Welt und dort die Todeswelt – und irgendwann ein Gericht; doch das ist weit weg. Aber wenn die Toten auferstehen – schon jetzt!? Wenn es diese Trennung gar nicht gibt? Wenn die »Herren der Welt« und ihre Henkersknechte mit dem Aufstand der Toten rechnen müßten – heute oder morgen? Welches Gericht könnte schlimmer für sie sein? Wenn sie sich der Toten nicht mehr sicher wären? Wenn schließlich der Gestank der Toten den Himmel erreichte und der Himmel schon jetzt reagierte – nicht erst am Letzten Tag? Eine lebensbedrohliche Situation entstünde für die Todesknechte der alten Welt: Sie wären dann *ihres* Lebens nicht mehr sicher, weil sie der Toten nicht mehr sicher wären und ihr Tun seine Endgültigkeit verlöre. Wer an mich glaubt, sagt Jesus, der läßt sich den Tod nicht einreden; der wartet nicht auf den »Letzten Tag«, der stellt sich jetzt der Todeswelt entgegen und ruft ins Leben. Freilich, die Frage bleibt: Was ist da, wo die Täter die Opfer überleben? Und es gibt so viele Täter, die (gut) überleben! Ist nicht die Rede vom Gericht »am Letzten Tag« ein Nach-Ruf der erhofften Gerechtigkeit: Auch die, die scheinbar hier davonkommen, haben sich zu verantworten? Ist das nur eine ohnmächtige Hoffnung angesichts der Tatsache, daß sich so viele davonstehlen wollen? Und tatsächlich davonkommen! Die Erweckung des Lazarus ist das Zusammenspiel von menschlichem Tun und göttlicher Kraft. Alle werden daran beteiligt:

Die Umstehenden müssen den Stein, den sie auf die Höhle gelegt haben, wegheben. Jesus selbst vergewissert sich dankend des Vaters im Himmel und schreit dann geradezu: »Lazarus! Hierher! Heraus!« (Joh 11,43). Der Tote kommt – trotz aller Einbindungen – heraus. Und noch einmal – in Parallele zum Wegheben des Steines – werden die Umstehenden aufgefordert: »Bindet ihn los, und laßt ihn gehen!« (Joh 11,44) – laßt ihn *endlich* gehen, möchte man / frau fast sagen. Denn vielleicht war das »die Krankheit zum Tode« (Kierkegaard) des Lazarus, daß er sich mehr und mehr begraben und einbinden ließ, bis er schließlich kein einziges Wort mehr sagte.

Wo sich solches ereignet, und es ereignet sich immer wieder, wo Menschen im Glauben an Jesus den Mut haben, Steine wegzunehmen, Tote herauszurufen aus ihren verordneten oder selbstgewählten Gräbern, wo Menschen ent-bunden werden von dem, was sie hindert zu leben –, wo sich solches ereignet, müssen die Toten-Wächter auf den Plan gerufen werden. Eine Welt, die dadurch existiert, daß sie den Tod produziert, muß zum Tod-Feind für die werden, die dem Tod in seinen vielen Erscheinungsformen die Stirn bieten. Kein Wunder also, daß die Welt, die Leben und Tod verwaltet, die Weisung erläßt, »wenn einer erfahre, wo er

89

(Jesus) sei, habe er es anzuzeigen, damit sie ihn greifen könnten« (Joh 11,57). Es sind hier die religiösen Führer, die solche Weisung geben! Auch das hat sich in der Geschichte leider oft wiederholt: Die Religion wurde zum Tod-Feind des Lebens. Als Jesus über den Berg kommt, sind die Autoritäten von Religion und Politik gewarnt. Und er kommt über jenen Berg, der nach jüdischen Vorstellungen seit Ezechiel (vgl. 11,23), spätestens aber seit Joel und Sacharja, den »kleinen« Propheten, der Berg des Gerichtes und der Entscheidung ist. Es besteht überhaupt kein Grund zur Annahme, daß Jesus diese Überlieferungen nicht gekannt habe. Die Evangelisten haben sie, wie die Passionserzählungen zeigen, sehr gut gekannt und sie für das Verstehen der letzten Tage Jesu auch als Interpretationshilfe gebraucht. In ihrem Licht versuchten sie das Unfaßbare zu deuten. Kein Deutungsmuster finden wir in den Jesusgeschichten, das uns nicht im Ersten Testament bereits vorliegt. Aus seinem jüdischen Glauben hat auch Jesus versucht, sein Geschick zu verstehen. Er hatte keine anderen Überlieferungen als die, von denen die Evangelisten (oder Paulus) Gebrauch machten: das Erste Testament, »Mose und die Propheten« und die Weisheitsliteratur, zu denen auch die Psalmen zählen. Freilich, solche Deutungen lagen nicht als fertiges System vor, sie waren über die ganze biblische Tradition verstreut. Aber wer über den Ölberg kam und ins Tal Joschafat, durch das der Kedronbach fließt, hinunterstieg, der wirbelte mit dem Staub des Weges auch die Worte und Bilder auf, die sich mit diesem Ort seit den Tagen der Propheten verbanden: »Die Völker sollen aufbrechen und heraufziehen zum Tal Joschafat. Denn dort will ich zu Gericht sitzen über die Völker ringsum« (Joel 4,12). Sacharja hatte vom »Tag für den Herrn« gesprochen und gesagt: »Seine Füße werden an jenem Tag auf dem Ölberg stehen, der im Osten gegenüber von Jerusalem liegt...« (Sach 14,4). Mit dem Ölberg wie mit keinem anderen Ort verband die Zeit Jesu das Gericht über die Völker, die große Wiedergutmachung für Israel wegen aller Schande, die ihm die Völker zugefügt hatten. Am westlichen Fuß dieses Berges, wo heute noch der Garten Getsemani lokalisiert wird, sollte das Gericht stattfinden. Verständlich, daß sich viele dort begraben ließen (der andere, spätere Grund lag darin, daß nach den verschiedenen jüdischen Aufständen die Römer nur mehr erlaubten, daß ein Jude die Reste der Heiligen Stadt vom Ölberg aus sehen durfte). Über diesen Berg zog Jesus nach Jerusalem ein wie viele PilgerInnen, die von Jericho über Betanien hinaufstiegen.

Im Johannes-Evangelium beginnt dieser Weg in der Lazarus-Geschichte mit einer Auseinandersetzung auf Leben und Tod, bei der letztlich das Leben des Lazarus (neu) ent-bunden wird. Und während Jesus mit denen, die ihm folgen, über den Ölberg steigt, zieht sich über ihm das Gericht zusammen, das sich an ihm auf einem anderen Berg, dem Golgota-Felsen, als römische Kreuzigung vollstrecken soll. Ob er ahnt, als er auf dem Ölberg steht, daß er diesen Felsen im Westen, den er vom Ölberg sehen konnte, wenige Tage später mit einem Kreuzbalken beladen besteigen muß? Den Ölberg sucht er in den folgenden Nächten (vgl. Lk 21,37) und in seiner Todesangst in der Pesach-Nacht noch einmal auf, so erzählen die Evangelisten. Allerdings werden nicht die Völker in die »Kelter« Gottes genommen, wie der Prophet Joel sagt (vgl. Joel 4,13), sondern der »geliebte Sohn«, für den er, wie auch andere fromme und gerechte Juden, sich hielt. Und »Getöse und Getümmel« herrschen im »Tal der Entscheidung« (Joel 4,14) seinetwegen, da sie »wie gegen einen Räuber... mit Schwertern und Knüppeln« (Lk 22,52) heranziehen. Für ihn ist »der Tag des Herrn nahe im Tal der Entscheidung«. Nach der Gefangennahme am Fuß des Ölbergs begegnet er den JüngerInnen erst als der Auferstandene wieder dort, frei-lich einzig in der Überlieferung des Lukas-Evangeliums, das damit seine große Jerusalemtheologie vollendet, denn für Lukas hatte alles auch in Jerusalem begonnen: Die erste Szene in diesem Evangelium zeigt uns Zacharias im Tempel in Jerusalem, bei der Ankündigung der Geburt Johannes des Täufers (vgl. Lk 1,5–25) – am Ende finden wir die Anhänger Jesu »allezeit im Heiligtum, um Gott zu preisen« (Lk 24,53). Lukas macht zwei Ortsangaben in seinen Ostererzählungen, die er mit dem Ölberg verbindet. »Er führte sie hinaus – bis nach Betanien. Und er hob seine Hände und sprach die Preisung über sie. Und es geschah: Während er die Preisung über sie sprach, schied er von ihnen und wurde zum Himmel emporgetragen...« (Lk 24,50f). Ausdrücklich nennt dann die Apostelgeschichte, ebenfalls von Lukas geschrieben, den Ölberg: Nach seiner Emporhebung, nachdem sie ihn aus den Augen verlieren, kehrten »sie vom Berg, dem sogenannten Ölberg, der nahe bei Jerusalem lag – einen Sabbatweg entfernt – nach Jerusalem zurück« (Apg 1,12).

Am Ende wird in der Lukastheologie dieser Berg zum Berg des Abschieds und des Segens; vom Gericht ist jetzt nicht mehr die Rede. Hat der Berg für Lukas das Gericht abgegeben, weil der Golgota-Felsen ihn in dieser Funktion beerbt hat?

91

Die theologisch sehr tiefsinnig gestalteten Szenen am Ende des Lukas-Evangeliums und am Beginn der Apostelgeschichte erinnern an alte Traditionen, die Israel mit dem Ölberg verbinden. Nach Ezechiel 11,23 hat sich bei der Zerstörung des 1. Tempels »die Herrlichkeit des Herrn« aus der Mitte der Stadt emporgehoben und ist »auf dem Berg im Osten der Stadt« stehengeblieben (vgl. Ez 11,23). Von dort wird sie auch wieder in den Tempel zurückkehren (vgl. Ez 43,1ff). Aber nicht erst seit den Tagen des Ezechiel ist der Ort »heiliger Berg«. Wenn David auf der Flucht vor seinem Sohn Abschalom die Spitze des Ölbergs erreicht, dann weiß er, daß man sich dort »vor Gott niederwirft« (2 Sam 15,32) – ein offensichtlicher Hinweis auf eine alte vorisraelitische Kultstätte.

Vor dem segnenden Jesus, den sie dort zum letzten Mal »sehen«, machen die Jünger auch den Fußfall, die Proskynese (Lukas reserviert das Wort, das Matthäus häufiger gebraucht, für diesen einen Augenblick) – das uralte Zeichen tiefer Verehrung vor dem Göttlichen, das sie in Jesu Hinwegnahme auf dem Berg erleben. Theophanie und Berg, das war eine seit Menschengedenken heilige Allianz. Natürlich war für Israel das Göttliche nicht an einen Berg – Ort gebunden. Aber mit vielen anderen Religionen wußte Israel um die Nähe von Berg und Gott. Und Jesus selbst hatte sich oft auf einen Berg zurückgezogen, um im Gebet mit seinem Gott allein zu sein (vgl. Mk 6,46). Doch das war nicht in Jerusalem gewesen, das war im Norden, in Galiläa.

Ein anderer Evangelist verbindet denn auch die Osterüberlieferungen mit einem Berg in Galiläa, wobei er den Berg nicht namentlich benennt: Es ist der Berg, »wo Jesus sie hinbestellt hatte« (Mt 28,16). Matthäus arrangiert die letzte Begegnung Jesu mit elf Jüngern auf einem Berg und vollendet damit – ähnlich wie Lukas – ebenfalls einen großen Bogen. Denn auf einem Berg hatte er die Jünger zum ersten Mal um sich geschart. Es war, als er sie seine Auslegung der Tora hören ließ. Wie ein zweiter Mose hatte er sie den Berg hinaufgeführt, sich gesetzt und sie gelehrt. Mit Seligpreisungen, die ihnen galten, hatte er angefangen (vgl. Mt 5,1ff). Keine neue, andere Tora hatte er ihnen gegeben. Aber er hatte sie gelehrt, die Tora barmherzig auszulegen (Mt 9,12f). Als »Lehrer der Barmherzigkeit« wollte er sich ihnen ins Gedächtnis einschreiben. Dann brauchten sie auch kein Jota oder Häkchen von den Weisungen des Sinaibundes wegzunehmen. Diese Lehre galt natürlich zunächst Israel. Jesus selbst hatte einen Lernprozeß durchgemacht, um zu verstehen, daß die »Völker« dabei nicht mehr ausgeschlossen werden sollten (vgl. Mt 15,21–28). Jetzt, bei dieser letzten Begegnung mit den Elf, ist der endgültige Durchbruch geschehen. Es geht, und das ist die Botschaft des Berges im Matthäus-Evangelium, nicht mehr nur um die Sammlung Israels, es geht jetzt um die Sammlung aller Völker: »Geht und macht zu Jüngern alle Völker...« (Mt 28,19). In dieser Sammlung ist freilich die Sammlung Israels mitenthalten, der Bund mit Israel ist ungekündigt. Er wird dadurch nicht überflüssig. Eine Sammlung der Völker an Israel vorbei wäre genauso wenig Zeichen der Vollendung wie eine Sammlung Israels ohne die endzeitliche Sammlung aller Völker. Die Botschaft des Berges ist jedenfalls die große Sammlung aller. Jeder Partikularismus wird aufgebrochen in einen Universalismus, der Mensch und Schöpfung umfaßt. Sammlung der Völker und in ihrer Mitte Israel – Sammlung der Schöpfung und in ihrer Mitte die Menschheit! Gottes alte Vision der Schöpfung bekommt hier neue Konturen.

Der Berg wird zum Ort der Bestellung der Jünger zu Lehrern der Völker. So wie sie auf ihn hören sollen, sollen die Völker auf sie hören. Der »Lehrer Israels« verlängert sich in sie hinein zum Lehrer der Völker. Keine andere Tora bekommen die Völker als die Tora Israels – »denkt nicht, ich sei gekommen, um das Gesetz und die Propheten aufzuheben« (Mt 5,17) –, keine andere Toraauslegung als die Jünger auf dem Berg der Seligpreisungen bekommen die Völker: »...und lehrt sie, alles zu wahren, was ich euch gewiesen habe« (Mt 28,20). In der Mitte der Tora stand für ihn die Liebe, die Liebe und die Barmherzigkeit. Diese Barmherzigkeit ist für ihn die größere Gerechtigkeit: »Wenn eure Gerechtigkeit nicht weit größer ist als die der Schriftgelehrten und der Pharisäer, werdet ihr nicht in das Himmelreich kommen« (Mt 5,20).

Barmherzigkeit und Liebe als Mitte der Tora – das ist die Vollendung der Tora auf dem Berg, »den Jesus ihnen genannt hatte«. Diese Barmherzigkeit hatte sein Vater Josef schon praktiziert (vgl. Mt 1,18–25). Sie wird zum Interpretationsschlüssel für seine Toraauslegung. Aber wie hart wird sie heute immer noch bei vielen – auch in der Kirche – ausgelegt! Im Markus-Evangelium war Jesus eines Tages auf den Berg gestiegen und »rief die zu sich, die er erwählt hatte...« (Mk 3,13). Jetzt sind sie wieder Gerufene – und Gesandte! »Jetzt geht...« Der Lehrer Israels sendet die Lehrer der Völker. Die Lehre des Lebens, der Auferstehung, ist Lehre für alle; sie ist nicht teilbar.

Wie Israel schon im babylonischen Exil lernte, daß sein Gott ein universaler ist (vgl. Jes 40–55), so weitet sich jetzt endgültig der Horizont auf alle Menschen: Israel als »Lehrerin der Völker« (J. B. Metz). In der Sendung der Jüngerinnen und Jünger wird dieser Schritt vollzogen. Das ist der Beginn der Auferstehung für alle! Er beginnt am Grab und gilt dort zunächst Frauen: Maria – »Apostelin der Apostel«. Aber Lehre und LehrerIn gibt es nicht mehr getrennt. Die Tora wird lebendig durch die, die sie bringen! Und die sie bringen und lehren, sind nicht allein: »Und da! Ich bin mit euch durch das All der Tage bis zum Voll-Ende der Weltzeit« (Mt 28,20).

Am Anfang des Matthäus-Evangeliums erinnert der Evangelist an den Sohn, dem der Name Immanuel gegeben wird: d. h. Gott ist mit uns (Mt 1,21f). Das letzte Wort des Auferstandenen auf dem Berg (nach Matthäus) ist ein Wort der Weggemeinschaft: Ich bin mit euch (Mt 28,20). Das letzte Zeichen Jesu auf dem Ölberg (nach Lukas) ist ein Segen. Im Segens-Wort vollendet sich die Botschaft der Berge, der Bund Gottes mit Israel und allen Menschen.

Mose blieb nicht auf dem Berg. Jesus stieg wieder vom Berg… Die LehrerInnen der Völker müssen vom Berg herabsteigen… – mit ihm. Die Auferstehung hat begonnen – aber sie ist nicht vollendet. Wir spüren es jeden Tag!

Wenn ER mit uns ist – wer kann dann gegen uns sein (vgl. Röm 8,31–39)!

Ölberg

Über den Berg kommen

Dich treibt das Auge
gegen die Steine
gegen die Kuppeln

hörst du den
Schlaf der Toten
unter deinen Schritten

den Ruf des Muezzin
das Geschrei der Händler
lästig wie eh und je
und dich verfluchend

weil du das Grab der
Lasker-Schüler suchst
ohne Blick für
Abziehbilder
gelb und verblaßt

Hier ist jedes Hosanna
verwehrt, weil die
Toten ihren Frieden
wollen endlich
nach soviel Krieg
und Haß

auf dem Hotel ruht
die Schechina nicht
vielleicht
daneben
auf den zerbrochenen
Steinen mit den
eingemeißelten Namen
die du stotternd liest

später
wenn die Orte
heiliger Erinnerungen
verschlossen und
die Stadt zurückgezogen
in erlöschende Fenster

dann sprich die Preisungen
über sie, damit der
Todesengel vorübergeht
wenigstens diese Nacht
und die Gebete
emporträgt

geflüstert von einsamen
Betern gegen die Mauer
oder im Tal der Kelter

einer von ihnen
hinterließ eine Spur
eingetrocknet im Fels
nicht weit von der
Dichterin

er versprach
wiederzukommen
bald
doch bis heute
löste er sein Versprechen
nicht ein

es sei denn
du suchst ihn
bei den
Schmerzgezeichneten

die sich
niederlassen

in den
Staubwohnungen

Leben

Den Tag vor
dem Abend loben

sich nicht
umwenden

jeden Augenblick
segnen

auch den letzten

danach schweigen
und

aufstehen

99

Die Toten laufen frei herum! Haben die Totengräber nicht aufgepaßt? Haben sie den Aufstand der Toten verschlafen? Für die Mächtigen muß das eine katastrophale Meldung sein. Die Toten freigelassen – oder ausgebrochen aus ihren Gräbern! Millionen Tote, ein endloses Heer lebendiger Zeugen gegen alle, die am Tod der Toten mehr interessiert sind als an ihrem Leben! In den Diktaturen und Gewaltherrschaften wird versucht, die Spuren der Toten zu beseitigen. Sie werden vergast, verbrannt, gekreuzigt, verscharrt, verstreut..., ihre Gräber werden unkenntlich gemacht. Aber sie stehen immer wieder auf, erheben sich, erscheinen ihren Henkern bis in den Schlaf. Überlebende, Mütter oft, Kinder tragen ihre Erinnerung weiter, suchen nach ihnen, lassen das amtliche Vergessen oder Vertuschen nicht zu. Die Auferstehung der Toten wird für viele, die den Tod der Toten wünschen, zur Bedrohung. Wenn die Toten auferstehen? Wenn der Tod nicht mehr todsicher ist?
Es gibt keine Sicherheit vor den Toten. Sie stehen immer wieder auf und lassen sich das Leben nicht austreiben.
Die Bibel ist ein Buch, das für die Toten Partei ergreift: für Abel ebenso wie für Israel im Feuerofen, für Jesus, den Gekreuzigten, wie für Stephanus, den Gesteinigten. Die Bibel ist Anwalt all der Toten oder Totgesagten, denen das Leben geraubt wurde. Sie ist es auf verschiedene Weise. Sie glaubt an die Auferstehung der Toten mitten ins Leben eines wiedererstandenen Volkes nach Deportation und Exil, wie wir es beim Propheten Ezechiel finden (vgl. Ez 37,1–14); sie legt in späteren Schriften Zeugnis ab für die Auferstehung der Märtyrer, die keine noch so große Grausamkeit eines Gewalttäters von der heiligen Tradition der Mütter und Väter abbringen kann (vgl. 2 Makk 7).
Den Glauben, daß Gott sein geliebtes Ebenbild Mensch nicht dem Staub überläßt, finden wir im Jesusgeschehen in vielfacher Weise ausgedrückt! Die Verlierergeschichte Jesu, wie sie die Augen einer morbiden Welt sehen, wird vom Gott der Bibel, der zur Wahl des Lebens aufruft (vgl. Dtn 30,19), nicht mit dem Tod bestraft, sondern mit dem Leben belohnt: Hinter jener Welt, die Menschen glauben mit dem Tod beenden zu können, öffnet der biblische Gott einen Horizont, in dem die Toten frei von den Grabsteinen und Verbrennungsöfen leben. Freilich, die biblischen Lebensgeschichten trauen ihrem Gott zu, daß er das Leben will und immer neu ins Leben ruft. Schon die Schöpfung ist nur möglich durch diesen Ruf; Israel ist gerufen; die Prophetinnen und Propheten sind gerufen, die Toten sind gerufen, »auf-

erweckt«, sagt die Bibel. Oder auch: »Ich öffne eure Gräber und hole euch, mein Volk, aus euren Gräbern herauf...« (Ez 37,12).

Der Ruf des lebendigen Gottes ist die Bedingung und der Beginn jeden neuen Lebens. Aber er bedarf auch der Antwort, der Auferstehung. Die aus den Gräbern Gerufenen müssen den zweiten Schritt tun: Auferweckt, liegt es an ihnen, ob sie auferstehen. Israel ist Zeichen dieser immer neuen Auferstehung. Oft gestorben und in den Gräbern der Welt verscharrt, hat es sich stets neu erhoben und ist zum Lebenssymbol für die Welt geworden. In den biblischen Ostergeschichten des Zweiten Testamentes ist Jesus der Auferweckte und Auferstandene. Er, der im Leben ganz Ohr war für seinen Gott, ist es auch im Tod. Als Gott sein Grab sprengt, das ihm andere gegraben haben, ist er nicht mehr zu halten... Auf Schritt und Tritt begegnet er jetzt seinen Schwestern und Brüdern und stiftet sie zum Leben an. Dabei trifft er sie an ganz bestimmten Orten, die in einer langen biblischen Tradition schon eine Lebensbotschaft in sich tragen: Topographie ist verortete Theologie.

Die Toten sind erwacht; sie laufen frei herum. Du kannst ihnen an vielen Orten begegnen. Du erkennst sie daran, daß sie eine gute, eine Lebensnachricht für dich haben. Du erkennst sie an ihrem versöhnten Herzen. Wenn sie dich segnen, dann weißt du, daß sie leben. So haben es die JüngerInnen mit Jesus erfahren. Diese Erfahrung hat sie so begeistert, daß sie alles stehen und liegen ließen und einer toten Welt eine ganz neue Nachricht in die verstopften Ohren riefen: Die Nachricht vom Leben. Diese Nachricht führt die Todes-Welt in eine Krise. Alle, die den Tod wollen und ihn fördern, und alle, die sich mit dem Tod abgefunden haben, werden aufgeschreckt: Wenn es wirklich so ist, daß die Toten frei herumlaufen, die Gräber offen sind, daß sie sich erhoben haben, die Staubexistenzen, mit Flügelschritt... wenn es wirklich so ist!

Es ist so – sagt das biblische Erfahrungsbuch. Fürchtet euch nicht und lebt. Fangt heute schon an. Fangt ganz neu an zu leben, und laßt es euch nicht ausreden von denen, die mitten im Leben tot sind und noch immer bis unter die Zähne mit Todeswerkzeug bewaffnet frei herumlaufen. Glaubt ihnen nicht. Glaubt IHM, wenn er sagt:

»Leben und Tod lege ich dir vor,
Segen und Fluch.
Wähle also das Leben,
damit du lebst, du und
deine Nachkommen« (Dtn 30,19).

Bild- und Textnachweis

Die Texte »Sarajevo (10), Fundsache (15), Ostern (18), Trost (36), Garten (44), Begegnung (73), Ölberg (96), Leben (99) und Damals (Rückseite)« sind Erstveröffentlichungen.

Die Texte »Auferstehung (45), Emmausjünger (48) und Friedensfürst (69)« entstammen dem Buch des Autors »Senfkorn Mensch« (Patmos Verlag, Düsseldorf 1986); die Texte »Marienfrage (32), Ostern II (59), Erinnerungen (82) und Osterchor (86)« dem Buch des Autors »Schattenhymnus« (Patmos Verlag, Düsseldorf 1989).

Die Betrachtung »Der Garten« ist die erweiterte und veränderte Fassung des Beitrags »Stark wie der Tod ist die Liebe...« aus dem Buch des Autors »Das Gespräch mit dem Engel« (Verlage Butzon & Bercker/ Klens, Kevelaer/Düsseldorf 1990).

Die Deutsche Bibliothek – CIP-Einheitsaufnahme

Bruners, Wilhelm: Und die Toten laufen frei herum :
ein Begleiter durch die österliche Zeit / Wilhelm Bruners.
Mit Fotos von Hans Krammer. –
1. Aufl. – Düsseldorf : Patmos-Verl., 1994
ISBN 3-491-72310-8

© 1994 Patmos Verlag Düsseldorf
Alle Rechte vorbehalten
1. Auflage 1994
Satz: Fotosatz Moers, Mönchengladbach
Druck und Bindung: Proost N.V., Turnhout/Belgien
ISBN 3-491-72310-8